καιρός カイロスブックス

齊藤小百合 Sayuri Saito

打ち捨てられた者の「憲法」

JN195309

いのちのことば社

はじめに

私たちにとって、「憲法」とは、どのようなものなのでしょうか。

私は、比較的に小規模の女子大学で、あるいは、それ以外の大学でも教えることがあるのですが、憲法を教えています。限られた時間のなかで、学生に伝えられることは多くはありません。

教養系の学部ですので、法律の専門家になってもらうというよりは、「自立的な市民」になっていってほしい、その基盤として「憲法感覚」を身につけてほしい、と考えてきました。学生それぞれが卒業後にも、日本社会や職場、家庭、身の回りに起こる、理不尽なことを「憲法的に」考えられるといいな、そうやって、それぞれの人生を自分らしく、自由に切り拓いていってほしい、そのために日本国憲法は強い支えになるはずだ、と。

ひとつの学期の約十五週間で、できることは限られていますから、「憲法のエッセンス」に少しでも触れてもらうことに専念することになります。本書も、数ある書籍の中から、お手に取っていただいた皆さんに、私が考える「憲法のエッセンス」をお伝えできたらという思いで書きました。

大学で教えることに加えて、市民の皆さんと憲法を考える学習会を続けています。二〇一五年の「平和安全保障法制」（戦争法）や、強引な憲法改正への動きに危機感を持った方々が、日本全国にたくさんおられると思います。私たちもそうした思いで、二〇一五年十月から、だいたい一か月に一度、回を重ね、二〇一九年三月で四十回目を迎えました。

大学で教えたり、論文を書いたりという中では、どうしても専門技術的になりがちですが、この会の皆さんと憲法をともに学ぶ中で私も鍛えられたかな、と少しだけ自負しています。本書は、この「憲法カフェ・いが栗くん@相模原教会」に参加してくださっている皆さんとの共著のようなものかなと思います。いろいろな形で、関わってくださる皆さんにこの場を借りて感謝いたします。

そうした出会いの中で、遅まきながら、憲法が保障している権利が十分に保障されずにこぼれ落ちてしまっている現場に触れることができるようにもなりました。そうして実感するのは、憲法というのは、社会の支配的な多数派や主流派のためにあるのではなく――現実の政治を見ていると、そのように運用されているように痛感しますが――、むしろ多数派の声に埋もれ、押しつぶされ、小さくされた「声」を聞くため、「声」を挙げることを抑圧されている人たちのため、「最も小さい者」（マタイ二五章）のためにこそ存在するということです。

本書のタイトル『打ち捨てられた者の「憲法」』は、この本の編集者・米本円香さんが提案してくださいました。私が二〇一八年にお話しした講演題から着想されたのですが、「小さくされ」、「声を奪われ」、「打ち捨てられた」者のためにこそ、憲法は存在するという主張が本書のメインテーマであることが打ち出せ、とても気に入っています。

なかなか「最も小さい者」のためになっていないというのも事実でしょう。ですが、私たちは、憲法を本来の役割に向かって、もっと活かしていくこともできるのです。

憲法は「すべての個人が平等に尊重される」社会を構想しているのですから。

目次

第Ⅰ部　憲法は何のためにあるのか

第1章　「憲法の基盤が危機にある」現状

　ここ数年、新書類やブックレットなど、手に取りやすいかたちで憲法を学ぶ書籍を多く見受けるようになってきたように感じます。あるいは、憲法記念日などでなくても、市民が憲法を学ぶ機会が増えている印象です。そして、そうした書籍や場で語られるのは、「そもそも憲法とは、何のためにあるのだろうか」という根本的なテーマであることが特徴のように思います。

　「憲法は何のためにあるのか」という問いは、通常はあまり問わない種類の問いであるのではないでしょうか。「通常」といいました。日常、といってもいいのかもしれません。私たちにはそれぞれに生活がありますから、できれば「憲法は何のためにあるのだろうか」などということを考えるために時間を使うよりは、生活の上で、いろいろと考えなければならないこと、やらなければならないことに専念したいところではないでしょうか。

もう五年ほど前になりますが、二〇一四年七月に安倍内閣が「集団的自衛権の行使容認」を可能にする憲法解釈の変更を内容とした閣議決定をして以後、憲法九条が根底から覆《くつがえ》されてしまうことに危機感を持った多くの市民が路上に出て、「集団的自衛権行使容認反対」の声を挙げるようになりました。この動きは、それ以前の「三・一一」の原発災害から「原発を止めてほしい、原発をなくしてほしい」という声を挙げる動きとして活発化してきたことが背景になって、「おかしいことにはおかしいと言う」という当たり前の行動が広がっていったといえるでしょう。

さて、こうした動きの中で、「子どもたちを戦争の被害者にも加害者にもしたくない」と痛切に願うお母さんたちも路上に出て来てくれました。国会前の行動にも、小さなお子さんを連れたご家族や、ベビーカーでの参加者ともお会いするようになりました。「ママの会」が結成されました。そうすると、「そんなところに子どもを連れて来るな」とか、「政治的な主張のために、子どもをダシに使うな」といった中傷がなされました。そうした中傷へのお母さんたちの返答はこうでした。

「私たちが来なくてもまともな政治がなされるなら、私たちだってわざわざ来ない。子どもも、うちで静かに寝かせてあげたい。でも、こうして来なければ、安心して寝ることもできなくなってしまうかもしれない。」　だから、国会前に来るのだ、と。

「脱原発」「特定秘密保護法」「集団的自衛権」「戦争法」と、それまでは表立って市民運動の場に押し出されて来ることのない層の市民が関わってくれるようになった、と聞きます。「ママの会」の皆さんもそうでしょう。「日常」が奪われてしまうかもしれない（あるいは、すでに奪われつつある）ので、もはや「日常」のままでは過ごすことができない、ということなのではないでしょうか。

憲法を学び、教えている立場としては、良いことにも悪いことのようにも思えます。というのは、私たちが日常的に「憲法」を議論しなければならないこの現状は、憲法の「基盤」が揺らいでいると考えるからです。

「憲法は何のためにあるのか」という問いを問わなければならなくなったのは、現在、憲法の「基盤」が共有されているという「日常」が失われつつあるからです。「憲法は何のためにあるのか」という憲法の「基盤」が共有されている時には、規範内容（憲法の各条項に盛り込まれている内容）を現実に活かすための法律を制定したり、憲法にふさわしい政治を行うことで、現実の社会に憲法が要請していることを実現するのに専念すればよいはずです。

「憲法は何のためにあるのか」と問わなければならない時とは、憲法の「基盤」が危機にあることを意味します。では、どのような「危機」にあるのでしょうか。まず、現在の日本社会における〝憲法の危機〟を確認しておきましょう。

国会を軽視するということ

「数にまかせて」という言葉で、「多数派による横暴」を指摘できる国会運営に事欠かない安倍政権ですが、特に深刻さが目立ったのが、二〇一五年と二〇一七年の臨時国会召集をめぐる対応です。

二〇一五年十月二十一日に、民主、維新、共産、社民、生活の五党が環太平洋連携協定（TPP）締結交渉の大筋合意をめぐる審議や、内閣改造による十人の新閣僚の所信聴取を行うべきだとして、臨時国会の召集を求める文書を衆議院議長に提出しました。しかし、政府は首相の外交日程などを理由に拒否しました。結局、衆参両院の予算委員会の閉会中審査を一日ずつ行っただけでした。

また二〇一七年六月二十二日に民進、共産、自由、社民の野党四党が、衆参両院副議長を通じて臨時国会の召集を要求しました。政府には、森友学園や加計学園についての疑惑を明らかにする責任があるはずです。しかし政府は、やはり閉会中審査を開くだけで、臨時国会の召集には応じることはありませんでした。そして、九月二十五日にようやく開いた臨時国会では、所信表明や代表質問を行うこともなく、冒頭で衆議院を解散してしまったわけです。
憲法五三条には、こう規定されています。

第五三条 内閣は、国会の臨時会の召集を決定することができる。いづれかの議院の総議員の四分の一以上の要求があれば、内閣は、その召集を決定しなければならない。

国会の召集権は、実質的には内閣にありますが、「国権の最高機関」（憲法四一条）である国会において「少数派の意向を尊重するため」に、臨時国会の召集要求についての規定が設けられているのです。

議会政治の「母国」・イギリス

「議会政治の母国」と言い慣わされるのがイギリスですが、その議会が「議会主権」を確立するのには、国政上の根本問題をめぐる徹底的な議論と、二度にわたる革命を経なければなりませんでした。イギリス議会は、国王の封臣会議（封建国家における国王の封建家臣によって構成される会議）といった存在から、数世紀を経て多くの権能を獲得し、次第に有力な機関となっていきますが、議会主権を確立する原動力となったのは、十一年間も議会を開かない国王チャールズ一世の専制的支配でした。

一六四〇年、軍費調達のため、やむを得ず十一年ぶりに議会を召集せざるを得なくなったチャールズ一世でしたが、議会は当然に大反発します。議会を開かず、国王大権を拡大し、専制的な統治を進める国王に反発した議会では、軍費調達を審議する前にチャールズ一世に対する怒りが噴出する様相でした。そこで、チャールズ一世は議会をわずか三週間で解散してしまいます。その後、万策尽きたチャールズ一世は再び議会を召集しますが、この議会がその後、形式的には約二十年にわたり存続した「長期議会」です。この期間に議会は、国王が議会を開かずに専制的に支配することができないようにするために、「三年議院法」（三年以上議会を開かないままにしてはいけない）を成立させ、また議会の同意なしに解散されないことを議決するなどしました。

このイギリス史の一端が示唆的なのは、なりふりかまわず専制的な統治をしようとする権力者にとって、議会は厄介な存在で、できれば召集したくないものだということがよく表されている点です。三百八十年ほど昔のこと、遠い昔のことでしょうか。国民にとっては、議会で十分に審議してほしいことが多数あるはずなのに、現在の日本の政治においては、憲法も議会もないがしろにされてしまっているように見えます。

「質問時間」

政府・与党の議会に対する姿勢について、もうひとつ、思い起こしておくべきことがあります。二〇一七年秋の解散・総選挙に至る経緯については、先ほども触れましたが、六月から野党は臨時国会の召集を要求していたのに、三か月以上も召集せずに、臨時国会の冒頭で解散してしまったのでした。

そして、総選挙で衆議院での圧倒的多数を与党が占めると、従来、慣例として国会での質問時間を野党八、与党二という比率で配分していたところを、自民党は議席比率に基づいて、野党三、与党七の比率とするよう要求しました。あるいは、自民党の国会対策委員長は、野党五、与党五を主張するなどしました。

議席配分の比率に合わせたり、野党と与党が同等の時間を質問するというのは、一見すると合理的に思えます。しかし、「議会は何のためにあるのだろうか」ということを考えると、こうした政府与党の姿勢は民主主義にとって、深刻な問題をはらんでいるといえます。

たとえば、質問時間を与党五に対して野党五の比率とするとします。これは「質問時間」ですから、質問に対して政府与党の大臣、副大臣、政務官が答弁することになります。

与党の質問にも野党の質問にも政府与党の閣僚が答弁するのですから、国会で発言している時間は、質問に対して同じ時間を配分すれば、政府与党が圧倒的に長い時間を占めることになります。

そして、衆議院予算委員会をはじめ、多くの委員会質疑では、「質問時間」には「答弁の時間」も含める扱いがなされます。そこで、野党議員が二分間質問して、閣僚が十分間答弁すれば、それで十二分が経過することになります。野党議員が国会で発言し、政府与党を追及する時間は、ますます少なくなってしまうことになります。

さらに、国会で審議される法案の多く[1]は内閣提出法案ですから、そうした法案については、通常、法案の作成から提出の間に与党の内部で詳細に質疑を尽くされているはずです。この過程で、個々の与党の国会議員に関しては、与党内での法案審査の過程で十分に質問をしていることになります。

これに対して、野党の国会議員は、法案が国会に提出されてからはじめて法案の審議に参加するのですから、委員会での質疑では、野党の国会議員により多くの質問時間を配分するのが合理的です。野党の質問時間を軽視することは国会軽視にもつながります。民主党（当時）の辻元清美議員が質問中に、首相が「早く質問しろよ」と野次を飛ばしたことがありました。[2]首相はその深刻さを理解しているでしょうか。

議院に内閣不信任決議権がなかった明治憲法下での帝国議会では、国務大臣の責任を追及する有力な手段は議員の〝質問権〟でした。議員は議会で質問をすることで、国務大臣の責任を問い、国務大臣は答弁を通して、間接的に国民に責任を果たすのです（明治憲法下は「国民主権」ではありませんでしたが）。衆議院に内閣不信任決議権を認める日本国憲法下の国会でも、野党議員の質問が内閣の政治責任を追及するために大きな役割を期待されていることには変わりはありません。

国会は「言論の府」と称されるのも、議論をしてこそなのではないでしょうか。しかし、このように見てくると、政府与党は野党の厳しい追及を警戒して、国会審議に前向きではないことが表れているように思われます。これを見逃してしまっては、国会はますます形骸化して、民主主義の根幹が掘り崩されてしまいます。

実際に、特定秘密保護法、「共謀罪」法、働き方改革関連法、直近では出入国管理法改正案など、安倍政権（第二次以降）の重要法案の審議時間は十分とはいえないことが指摘されています（「朝日新聞」二〇一八年十一月二十七日）。

「民主主義」というけれど……

安倍首相がよく持ち出す、安倍政権の正当化理由として「（選挙で勝っているので）民意に支持されている」という言い方があります。あるいは、「三分の一を少し超えたくらいで、改憲が阻止できる」。あたかも憲法を改正しないことが、「民主主義」に反することであるかのように言いたいのでしょう。しかし、そのような言い方に違和感を持つ読者も多いのではないでしょうか。

というのは、私たちは「民主主義」という語を、単に「多数決主義」という意味では使わないからです。私たちが、ごく一般的に「民主主義」とか、「民主主義的」という時には、政治的意思決定をする際、最終的には多数決で決することになるとしても、議決するまでの過程において、十分な議論をすることとか、その議論では少数派の意見を抑圧しないで十分に聞くこととか、少数派の声を反映させるようにするとか、ともすれば抑圧されてしまいがちな少数者の権利が保障されることなどを含めているのではないでしょうか。

民主的政治過程の中では、いずれかの政治的な課題について何らかの意思決定をしなければならない時に、最終的には多数決で決することになります。[3] そのような決め方をすることに同意できるのは、一つには、審議の時間が十分に取られて、その議論において少数派の意見も尊重されることが挙げられるでしょう。十分に意見を聞いてもらうことができてはじめて、結果的に、自分たちの意見が多数を形成できないとしても、「ちゃんとした過程」で審議したことで納得できるでしょう。

もう一つは、ある政治的な課題の時には少数派になるとしても、別の課題を議論する際には、少数派・多数派が逆転しうるということがある、ある課題では「負け」てしまっても、次に「勝つ」チャンスがあるのだとすれば、多数決で決めることに大きな不満を持たないはずです。しかし逆に、少数派・多数派の構成が継続的に固定化されてしまう時、多数決で決めることには、少数派を継続的、あるいは永続的に抑圧してしまう危険性があります。それでは、社会の意思決定が長期的に特定の多数者だけで作られてしまうことになります。

ですから、少数派が尊重されない、少数者を切り捨てることを簡単にやってのけてしまうことについて、「多数派の暴力」、「多数派の専制」という懸念を多くの人が感じているのではないでしょうか。

「生産性」と優生思想

議会での少数派を尊重しないことは、日本社会全体においても少数派・少数者を顧みないことに直結しているといえるでしょう。

自民党の杉田水脈《みお》衆院議員（比例中国ブロック）が「『ＬＧＢＴ』支援の度が過ぎる」と題して、月刊誌『新潮45』二〇一八年八月号に寄稿しました。タイトルが示唆するように、

「ＬＧＢＴ施策」として「行政が動」き、「税金を使」っているかのような叙述があるのですが事実ではありません。杉田氏の文章で最大の問題点は、すでに多くの指摘があるように、「彼ら彼女ら（ＬＧＢＴのカップル）は子どもをつくらない、つまり『生産性』がないのです」という主張です。杉田氏が所属する自民党はその後、「今回の杉田水脈議員の寄稿文に関しては、個人的な意見とは言え、問題への理解不足と関係者への配慮を欠いた表現があることも事実であり、本人には今後、十分に注意するよう指導したところ」とする見解を発表しました（八月一日）が、それ以上に強く責任を問う姿勢は見せていません。

それは、表向きは政党として「性的な多様性」や「女性活躍」を掲げるものの、自民党の中に家父長制の色彩が強い「家族観」を支持する立場の人が多数だからでしょう。[4]さらに、ジェンダー平等に後ろ向きであることは、日本社会が男性中心社会であるために女性にとっても、また異性愛者中心社会であるために性的少数者にとっても生きづらい社会であることをも意味しています。

杉田氏の文章で浮き彫りになったのは、性的少数者や子どもを持たない人たちを「生産性」がないとして社会から排除するということだけなのでしょうか。つまり、ＬＧＢＴ差別だ、ということにとどまるのでしょうか。そうではないように思います。もっと大きな問題が伏在《ふくざい》しています。

それは、杉田氏の文章を擁護する特集が出版されたことからもうかがい知れるように、結果的に「休刊」に追い込まれたとはいえ、日本社会の一定の層に、杉田氏の主張を支持したり、共鳴する人たちがいることを示しています。

「一定の層」といいましたが、その数は限定的というよりは、この社会に薄く広く共有されているといってもいいのではないでしょうか。というのは、「生産性」で人の価値を計ろうとする優生主義的な発想が、新自由主義の進化・強化と平仄《ひょうそく》を合わせて、この社会に均霑《きんてん》しているように思われるからです。そうだとすれば、奇しくも露呈した、日本社会に蔓延する優生主義的な発想をこそ、もっと議論すべきだったでしょう。

私たちの社会は、「生産性」で人の価値を計り、役に立たない、経済的指標において価値のない、そうした存在は排除されてやむを得ない、とする社会なのでしょうか。安倍自民党が画策する「憲法改正」によって目指そうとしている「国家像」とは、国家のために個人を犠牲にすることをあからさまに要求する国家だといえるでしょう。そうすると、杉田氏の言動に表れている「生産性のある国民」と、安倍自民党が構想する「国家が求める国民」象は見事に符合するのではないでしょうか。

つまり、杉田氏の言動やそれを擁護する人たちは、安倍自民党が目指す「国家」とその国家が期待する「国民」のあり方の地ならしをしているのです。しかし、現行憲法の「基盤」、あるいは「根本」というのは、国家がどうあるべきかを語る前に「個人の尊重」があるはずです。多様な個人がそれぞれに、生き生きと自分らしく生きていくことの土台をつくるのが憲法であるはずなのです。いろいろな点で「異なっている」私たちが、「異なっている点」を乗り越えて、日本社会でともに生きていこう、という決意が〝憲法〟だといえるのではないでしょうか。

第2章　ともに生きていくために

第一章では、現代の日本の政治とそれを支える日本社会に生きる私たちの間で、民主主義の基盤が失われつつあるのではないかという懸念を、国会の軽視に典型的に表れていることと、新自由主義的な価値観の強化と優生主義的発想とのつながりから見てきました。

しかし、このような事態を私たちは好んで選んできたのでしょうか。あるいは、今後も、「生産性」で人の価値を計り、役に立たない、経済的指標において価値のない、そうした存在は排除されてやむを得ない、という殺伐とした、だれにとっても息苦しい社会に生きていくことしか選択肢はないのでしょうか。

日本国憲法が構想している社会のありようは、そうではなかったはずです。日本国憲法が構想する社会とは、一言でいうならば、〝いろいろな点で「異なっている」私たちが、「異なっている点」を乗り越えて、ともに生きていくことができる社会〟です。その意味で、日本国憲法は、私たちが「ともに生きていく」ための基盤をつくっているのだと思います。

憲法は、いろいろな点で「異なっている」私たちが「ともに生きていく」ために、もっとも必要なことは、社会を構成する個々人を、まず「個人」として尊重することにあると考えてつくられています。そして、その「個人」が「自分が自分である」ということにとってもっとも大事なのは、収入が高いとか低いとかでも、学歴が高いとか低いとかでもなく、自分を自分たらしめている「思想・信条」また「信仰」なのではないでしょうか。

そこで、自分が自分であるためには譲ることができない「思想・信条」や「信仰」が異なっていても、お互いに尊重し合うことが大切にされなければなりません。

このような考え方が、「立憲主義」という考え方の根底にあります。これについては、第Ⅰ部の第四章で詳しく説明します。この章では、憲法が「ともに生きていく」ための基盤をつくるために構想されてきたことを、歴史を参考にしながら振り返ってみましょう。

ピルグリム・ファーザーズとメイフラワー誓約書

アメリカ合衆国の成り立ちを語る上で、欠かせないのが「ピルグリム・ファーザーズ」たちの物語でしょう。[5]

一七世紀、本国イギリスの国教会制度においては、「反体制」的な抵抗者であったピューリタン（清教徒）たちが、新天地において植民地建設を試みます。それが一六二〇年のピルグリム・ファーザーズによるプリマス（マサチューセッツ州）植民地の建設でした。ピルグリム・ファーザーズは北米大陸に渡ってくる船中で、契約によって新しい植民地での「政治社会」をつくろうと考えます。この契約文書が、彼らが乗船した船の名にちなんで「メイフラワー誓約書」と呼ばれる文書です。

なぜピルグリム・ファーザーズたちは「メイフラワー誓約書」というかたちで、自分たちの新しい植民地の基礎をつくったのでしょうか。メイフラワー号には、ピューリタンだけでなく、素姓のわからない人たちも乗船していました。同乗者は百四名でしたが、全員がピューリタンだったわけではありませんでした。「聖徒たち《セインツ》」とよばれたのは、男十七名、女十名、子ども十四名、計四十一名であり、それ以外は「外部の人たち《ストレンジャーズ》」と呼ばれる男十七名、女九名、子ども十四名、計四十名でした。さらに、その他の召使いや雇い人たちもいたといいます。[6]

メイフラワー号の同乗者たちは、信仰をともにする「同質性」の高い人たちばかりであったわけではないのです。いわば、お互いをよく知らない「異質」な人たちもいるグループの中で、知らない者同士が、これからの厳しい状況の下で社会を築いていくには、お互いに相談し合い、助け合っていかなければならない。そして、そのことを、「契約によって結合した政治団体をつくる」ことを締結したのが、メイフラワー誓約書というわけです。

それは、以下のような内容でした。

「神の名においてアーメン。われらの統治者たる君主、また神意によるグレート・ブリテン、フランスおよびアイルランドの王にして、また信仰の擁護者なるジェームズ陛下の忠誠なる臣民たるわれら下記の者たちは、キリストの信仰の増進のため、およびわが国王と祖国の名誉のため、ヴァージニアの北部地方における最初の植民地を創設せんとして航海を企てたるものなるが、ここに本証書により、厳粛に相互に契約し、神およびわれら相互の前において、契約により結合して政治団体をつくり、もってわれらの共同の秩序と安全とを保ち進め、かつ上掲の目的の遂行のために最も適当なりと認むべきところにより、随時正義公平なる法律命令を発し、かく公職を組織すべく、われらはすべてこれらに対し当然の服従をなすべきことを契約す。」

（メイフラワー誓約書、一六二〇年、傍点筆者）

ある団体・グループで団体としての意思決定をして、その決定事項に団体の構成員全員に従ってもらうには、考え方がほぼ同じ人たちであれば、意思決定に全員が参加することは必要とは考えないかもしれません。しかし、メイフラワー号にはストレンジャーズもいたのです。そして、ピューリタンたちも、「自分たちが主たるメンバーだ」といって、考えの異なるストレンジャーズを従属させることは考えませんでした。船の中では、そんなことを言っていられなかったということでしょう。考えが異なる人たちとも、「ともに生きていく」ためには、意思決定に全員参加をして、社会の構成員全員をその社会の意思決定にコミットさせて、納得が得られるまで議論を尽くし、それによって全員を意思決定に従わせる必要がありました。[7]

ピルグリム・ファーザーズとメイフラワー誓約書が伝えるのは、考えが異なる人たちとも「ともに生きていく」ために、政治的共同体の構成員全員が共同体の政治的意思決定に参加できるようにすることと、そのことを「契約」という成文の文書に書きとどめて確定するという工夫がなされたことです。憲法もいわば、そのような文書というわけです。

「国民」とはだれだろうか、「国」とは何だろうか
――井上ひさし『兄おとうと』から考える

「国もおにぎりと似ている。なにを芯にして一つになるのか、そこが大切なんだよ。」

「わが国は大和民族で一国を形成しています。」

「ちがう。」「世界のどこを探しても純血な民族など存在しない。わが国もまたしかり。」

「国語を話すから日本人。それで決まりだ。」

「ちがう。」「……スイスには三つも四つもちがうことばがあるのに、それでも一つの国だ。」

「この日の本の国を一つに束ねているのは、国家神道、と決まっているのだからな。」

「すると、明治以前の日本は、国ではなかったのだろうか。」「国家神道ができたのは明治になってからだが。」

「民族、ことば、宗教、文化、歴史、全部だめ。他になにがあるの？」

「ここでともに生活しようとする意志だな。」「ここでともにより良い生活をめざそうという願い、それが国のもとになる。」「そして、人びとのその意志と願いを文章にまとめたものが、憲法なんだ。」


（『兄おとうと』新潮社、二〇〇三年）

井上ひさしさんの芝居の中のセリフですが、国とはなんだろうかという問いに対して、「民本主義」の主唱者である吉野作造が答えています。

国家とは何か、何を軸にして成り立っているのか。「ここでともに生活しようとする意志」であり、「ここでともによりよい生活を目指そうという願い」を結集しようとする人々が、それぞれの民族的出自や歴史的な記憶、属する宗教集団や言語単位などの相違を超えて、自分自身である個人として公共社会の一員となろうとすることだというのです。

そういうわけで、立憲主義の憲法というのは個人の意志を出発点において、ひとつの公共社会の成り立ちを説明する政治思想を土台にしているのです。そして、そのことを文書化したものが、〝立憲主義的憲法〟ということになります。

メイフラワー誓約書の場合もそうでした。この文書は、本国イギリスでは属する宗教集団や歴史的な記憶が必ずしも同じではなかった人たちが、「新しい土地でともに生活しようとする意志」によって、「ここ（プリマス植民地）でともによりよい生活を目指そうという願い」を結集して作成されたのだといえるでしょう。ピルグリム・ファーザーズたちが築いたプリマス植民地での政治共同体の経験が、その後のアメリカ合衆国という、「憲法によってつくられた国」につながっていきます。


「われら合衆国の人民は、より完全な連邦を形成し、正義を樹立し、国内の平穏を保障し、共同の防衛に備え、一般の福祉を増進し、われらとわれらの子孫のうえに自由のもたらす恵沢を確保する目的をもって、アメリカ合衆国のために、この憲法を制定する。」

このアメリカ合衆国連邦憲法の前文は、まさにメイフラワー誓約書から独立宣言を経て、政治共同体の構成員である自分たちが国をつくるという考え方に裏付けられていることがわかります。

物理的な領土としての、現在のアメリカ合衆国にあたる土地や現在の日本の領土のことを思い浮かべると、一七八八年に起草されたアメリカ合衆国連邦憲法や一九四六年に公布された日本国憲法よりもずっと前から、「アメリカ」という国や「日本」という国があったように思ってしまいます。しかし憲法的には、それぞれの憲法ができてはじめて、国家が成立します。憲法によって、国家の機関にそれぞれの権限が与えられるのでなければ、国家は機能しません。憲法があってはじめて、機能する国家が成り立つのです。国家は自然にそこにあるのではなく、私たちの「意志」によってつくられると考えるのです。

そうして、私たちの意志によって、私たちがともに生きる政治社会がつくられます。第一章の終りに、現代日本社会を覆っている新自由主義的な傾向と、そこに潜む優生主義的な発想について述べましたが、そこにすっぽり抜けてしまっているのは、「公共性」、公共的なもの、他者とともにあること、他者とともに生きるといったことなのではないでしょうか。

公共社会といいますが、同じ考え方を持っている人たち、同じ信仰の人たち、同質性の高い人たちで構成する社会やグループは公共的でしょうか。「公共」というからには、多様な人たちに開かれているのでなければならないのではないでしょうか。私たちとは異なる「異質な他者」がいてこそ、異質な他者とこそ「ともに生きる」といえるのではないでしょうか。それほど異質ではない、気心の知れた人たちと一緒にいるのは自然で、特に意識しなくても、ともに生きられるものです。

だからこそ、意志的に「ともに生きる」といえるには、異質な他者と「ともに生きることができるか」ということが問われているのです。公共社会を同質な人たちだけで「私物化」してはならないのです。

二〇一六年に製作された映画「選挙に出たい」（邢菲《ケイヒ》監督）の主人公である李小牧《りこまき》さんは、中国出身です。三十年前に私費留学のため来日し、二〇一五年に日本国籍を取得し、新宿区議選に出馬しました。

映画では、李さんの選挙戦での奮闘が描かれますが、街頭演説中に、「中国に帰れ！」という罵声を浴びたりします。李さんはすかさず、「私は日本国民ですから、どこへ帰るんですか?」と応じます。李さんは、日本国憲法の下にある日本国の国民なのではないでしょうか。そして、日本国憲法は、日本国の構成員を民族的出自や歴史的な記憶、属する宗教集団や言語単位などにおいて多様であることを想定しているのです。李さんの存在は、まさに憲法的です。

　異なる他者と「ともに生きることができるか」ということこそが、私たちに、憲法的な価値を共有できているのかの真価を問うているのです。

第3章 「失われた羊」と「かけがえのない個人」

では、あらためて〝憲法はだれのためにあるのか〟という問いを考えていきたいと思います。

立憲主義的な憲法の下につくられる社会で、私と「ともに生きていく」のはだれでしょうか。憲法は、私のためのものでもありますが、ともに生きる「他者」のためのものでもあります。その「他者」とはだれでしょうか。

さて、少し視点を変えて、憲法だけでなく、「法」一般というもののありようについて、考えてみたいと思います。木庭顕《こばあきら》さんというローマ法の専門家が書いた著書『誰のために法は生まれたか』（朝日出版社、二〇一八年）は、タイトルそのままですが、「法はだれのためにあるのか？」という根源的な問いを、わかりやすく説き明かしてくれています。

この著書の中で木庭さんが強調しているのが、「グルになっている集団（＝徒党、犠牲強要型の集団）」に抵抗するためにこそ法はある、そして、「グルになっている集団を徹底的に解体して、追いつめられた一人の人に徹底的に肩入れするのが、本来の法」なのだ、ということです。「追いつめられた一人」と言っているところがいいと思います。「弱い人」とは言いません。というのも、権利が保障されなければならないのは「弱い人」ではなく、木庭さんの言う「犠牲強要型」の集団や社会の多数派によって追いつめられて、「弱くされている」けれど、本来は自分で判断し、怒り、抵抗できる「自立した個人」ととらえたほうがふさわしいからです。そうした個人が、集団のために自分を犠牲にしなければならないことから解放されるために法はあるというのです。

大学で学生から聞くのが、「法とは社会の秩序を守るために国が決めて、国民を縛るルールだ」といった受け止め方です。法がそのようなものだとすると、徒党を組んでいる集団が個人に集団の犠牲になるよう強要することに抵抗できなくなってしまう。それでも、社会の秩序は維持されているわけですから。

でも、それは「追いつめられた一人」にとってはなんとも理不尽ですし、だれもが「追いつめられた一人」になり得ます。それが法の本質なのだとしたら、社会はとても生きづらくなりそうです。でも本来は、そうではないのだ、「追いつめられた一人」の権利を守るためにこそ法はあるのだ、というのが木庭さんの主張です。

「追いつめられた一人」は、新約聖書ルカの福音書・マタイの福音書の「失われた一匹の羊」を思い起こさせます。「失われた一匹の羊」の一九世紀以降の一般的な解釈は、「一人の罪人を見いだすまで捜すキリストの愛と、罪人の悔い改めによる神の赦しと喜びを教える」というものでしょう。[8]

「一匹の羊」は、「悔い改める」必要のある「罪人」や信仰共同体の成員の中で罪の誘惑に陥りやすい信仰の薄い信徒、という否定的に評価される存在という位置づけです。しかし、現代日本における新約聖書学の第一人者荒井献さんは、ルカ・マタイ両福音書に加え、「トマス福音書」の文献批判的研究から、「一匹の羊」の「中核・伝承の最古層」を、以下のように読み取っています。

あなたがたの中に百匹の羊を持つ人がいて、それらの中から一匹を失った。その人は九十九匹を荒野に放置しても、それを見つけるまで、いなくなった羊のもとに歩いていかないでであろうか。[9]

荒井さんによれば、ここでは、「一匹の羊」は、「悔い改めなければならない罪人」として否定的に評価はされていません。そして荒井さんはこのたとえが、律法学者、とりわけパリサイ派に対する批判的機能を果たしたものと想定しています。それは、このたとえが語られる直前の場面設定とかかわります。ルカの福音書一五章一～二節では、イエスが「罪人たちを受け入れて、一緒に食事をしている」ことを、「パリサイ人たち、律法学者たち」が非難していることを描き出してから、イエスがこのたとえを語っているのです。

さらに大胆にイエスの言葉を現代に引き寄せれば、経済的発展に貢献しない、国家や社会にとって役に立たない存在として、多数派「九十九匹」のために、ともすれば犠牲にされてしまう「一匹」に視点を据えて、ともに生きることが提示されているのではないでしょうか。

集団のために自分を犠牲にしなければならないということから個人を解放するために法はあるのだとすると、このたとえはまさに、現代の「律法学者」への痛烈な批判です。「一匹の羊」は自ら好んで罪を犯し、共同体から離れていったのでしょうか。そうではないように思います。むしろ、社会のひずみの中で差別され、人間らしく扱われることもなく、社会構造的に弱くされた存在なのではないでしょうか。

しかも「一匹の羊」は、支配的多数者からは「自己責任」をなすりつけられてしまうでしょう。それはしかたのないことでしょうか。それしか選択肢はないでしょうか。私たちはそのような社会に生き続けたいでしょうか。私たちが選び取るとしたら、そのような社会を選び取るのでしょうか。少数者に犠牲を強いても平気でいられるような社会を。

あらためて、法はだれのためにあるのだろうか、ということを問い直したいと思います。木庭さんにならって、「犠牲強要型の集団に抵抗するためにこそ法はある」、そして、「グルになっている集団を徹底的に解体して、追いつめられた一人の人に徹底的に肩入れするのが、本来の法」だということを確認しておきたいと思います。

そうすると、そうした「法」を体系化した、一国の法体系の「最高法規」である憲法は、「失われた（犠牲にされつつある）一匹の羊」である「個人」が、その人らしく尊厳を守られて生きていくためにこそ、構想されたといえるのではないでしょうか。この「かけがえのない個人」こそが、憲法の出発点なのです。

第4章　「立憲主義」という考え方

第Ⅰ部の最後に、ここまで述べてきたことをふまえて、「立憲主義」という考え方を整理しておきたいと思います。

「憲法」という言葉を聞いて、真っ先に思い浮かべるのは何ですか。中には聖徳太子(厩戸王子《うまやどのおうじ》)が六〇四年に作ったといわれている「十七条憲法」を思い浮かべる人もいるかもしれませんね。「十七条憲法」の「憲法」も、「日本国憲法」の憲法も、同じ意味で使われているのでしょうか。

たしかに聖徳太子の時代から、人々は「憲法」という言葉を使ってはいました。しかし、「日本国憲法」や明治期に制定された「大日本帝国憲法」という時の「憲法」は、江戸時代末期に西欧諸国のコンスティチューション(Constitution)やフェアファッスング(Verfassung)といった「統治に関する基本的なルール」を表す語の訳語として用いられるようになったものです。

では、西欧諸国の Constitution や Verfassung といった言葉は、どんなことを意味しているのでしょうか。それは、「統治や国家の構造に関する基本的なルール」ではあるのですが、どんな「統治」や「国家の構造」であってもよいというわけではありません。中身が重要なのです。

最も典型的なのは、一七八九年の「フランス人権宣言」の十六条です。「権利の保障が確保されず、権力の分立が定められていない社会は憲法を持つものではない」とされています。これには、近代市民革命の理論的根拠となった社会契約思想（政府は市民との契約によって統治権が与えられたという考え方）や自然権思想（人は生まれながらにして何によっても侵されない固有の権利を持つのだという考え方）が背景にあります。第二章で紹介したメイフラワー誓約書にも、社会契約思想を読み取ることができるでしょう。

人が生まれながらにして持っている権利や自由が確実に保障されて、その権利が恣意的な権力の行使によって踏みにじられることのないように、統治権力を異なる機関に分けることを憲法で定める。統治にあたる政府は憲法によって権力を授権される（与えられる）のだけれど、同時に政府の権力の行使はその憲法によって与えられた範囲に制限される。つまり、人々の権利や自由を守るために憲法を制定して、権力が恣意的に行使されないように抑制する、このような考え方を「立憲主義」といいます。

まず、生まれながらにして奪うことのできない権利・自由を持った個人から出発します。そのかけがえのない個人は、まさにその個人として尊重されなければならない。立憲主義という考え方の土台は、個人の尊厳があって、その個人を平等に尊重する。つまり、個人の尊厳を究極の価値としてその個人を平等に尊重する。だから、個人の権利や自由を保障するために憲法を制定して、憲法によって認められる範囲で統治を行う政府を樹立する、というわけです。そして、このような内容を備えた憲法のみが「立憲主義的憲法」といえるのです。

そうすると、聖徳太子の「十七条憲法」には、人々の権利や自由を保障するとか、権力の行使を抑制するといった発想はありませんから、立憲主義的憲法ではありませんし、現在、一般的に使われている「憲法」とは無関係です。

「個人として尊重される」ということ

第三章の最後に書きましたが、「九十九匹」のためであっても犠牲にされてはならない「一匹」＝かけがえのない個人」こそが憲法の出発点です。そのことが表れているのが、日本国憲法一三条の「すべて国民は、個人として尊重される」という規定です。しかし、自民党の「日本国憲法改正草案」（二〇一二年）では、「個人として尊重される」が「人として尊重される」に置き換えられています（一三条、傍点筆者）。基本的人権の主体が「個人」である、という点は、立憲主義にとって本質的な問題です。

「個人を尊重する」、「個人主義」というと、何でも好き勝手に、その時々の感情の赴くままに「ジコチュー」（利己的な自己中心主義）でいられることのように聞こえるかもしれません。そのようにとらえてしまうからこそ、「それでは困る」ということで、自民党も「公益」や「公の秩序」、「和の精神」などを持ち出してくるわけですが、立憲主義にとって「個人主義」とは、「ジコチュー」のことではありません。

戦後の日本社会の知的リーダーの一人であった丸山眞男は、「拘束の欠如としての感性的自由」と「規範創造的自由」を峻別しました。「個人の自由」といっても、それは、その時々の感情に押し流されて、無制約に好き勝手なことができる自由とは一味違って、人間が尊厳のある存在として尊重されるのに値する、人間に本質的な理性を発揮して自己決定するための自由という理念です。

立憲主義的憲法において、基本的人権の主体として尊重される個人とは、「理性的な自己決定の能力」を持ち、「人類の多年にわたる自由獲得の努力の成果」（九七条）としての基本的人権を「不断の努力」（一二条）によって保持していく責任を果たしていこうとする存在が想定されているのです。

もちろん、実際の私たち個々人が、そのような「強い個人」であるとは限りません。むしろ私たち一人ひとりはとても弱いものです。しかし、国家や社会、力のあるものが、その弱みにつけ込んで、平等であるはずの私たちの尊厳を奪っていいのでしょうか。だからこそ、理念としての、このような個人像を放棄してもいいことにはならないと思うのです。

そのような「個人」に対しては、「和を尊ぶ」ことをお説教する必要はないということになるでしょう。私たちは多様なありようを抱えて、ともに生きてこそ、それぞれが自分らしい人生を歩んでいけるのではないでしょうか。むしろ、基本的人権の主体としての個人は、自民党の「日本国憲法改正草案」が目論むような「公益や公の秩序」によって、自分の個人の考えを否定して、「公益」とされる事柄を押し付けられることに対して敏感にならなければなりません。個人が個人であるための貴重な権利は、「国民代表」にさえも「信託」してはならないのです。そして、そのために立憲主義があるのです。

「憲法はだれが守るべきなの？」

現行の日本国憲法九九条では、「憲法を尊重し擁護する義務」（憲法尊重擁護の義務）の名宛人（義務が課せられている人）に国民は含まれていませんが、自民党「日本国憲法改正草案」では、国民にも憲法尊重擁護義務を課すという項が新設されています。

まず、なぜ現行の規定では、憲法尊重擁護義務が国民には課せられていないのでしょうか。九九条には、「天皇又は摂政及び国務大臣、国会議員、裁判官その他の公務員は、この憲法を尊重し擁護する義務を負ふ」とあります。立憲主義的な憲法というのは、憲法を制定して国家権力を抑制し、人々の権利・自由を守ろうとするものなので、国家権力を行使する立場の人たちに「義務」はありますが、国民は憲法を尊重する「義務」を負わないと考えられます。

そもそも、なぜ憲法尊重擁護の義務を課す規定があるのでしょうか。

アメリカ独立宣言を起草し、そののち第三代アメリカ合衆国大統領となったトーマス・ジェファーソンは、「憲法に基づく自由な政治には、信頼ではなく、猜疑心が必要である」という言葉を残しています。人間関係は信頼関係に基づいているほうがスムーズですし、居心地がいいものになります。しかし、統治権力を行使する事柄に関しては、話は別です。人類の長い歴史は、権力が濫用されやすいこと、そして、権力は腐敗しやすいということへの警告に満ちています。だからこそ、統治権力を「疑ってみる眼差し」が立憲的憲法には欠かせません。憲法九九条で憲法尊重擁護義務を課せられているのは、ともすれば憲法から自由でありたい（自由に権力を行使したい！）、憲法の拘束から逃れたがる統治権力の担い手なのです。

では、権力の担い手になっている人たちが憲法を尊重しないとどうなるでしょうか、だれが困るのでしょうか。もう、おわかりですね。たとえば、憲法によって保障されているはずの信教の自由を侵害するような法律を国会がつくっても、「国会議員には憲法尊重擁護義務はありません」ということでは、私たちの基本的人権を保障しようという立憲的憲法の試みは「水の泡」です。

憲法が権力の行使のあり方をコントロールするための規範であるということは、憲法が法律をつくる権限を持っている議会も縛っているのでなければなりません。議会は立法権があるけれども、どんな法律でも制定していいわけではなくて、すべての法律が憲法に適合するように制定されていなくてはなりません。そして、憲法がきちんと守られているかを裁判所が監視する。憲法は主権者である国民が、国家権力のあり方をコントロールするためのものなのです。

憲法は、国民から国家権力に対する「命令」です。ですから、その命令を発する側の国民に「憲法を守れ」という規定がないのは、立憲的憲法にとっては当然のことなのです。

「天賦人権《てんぷじんけん》」はヨーロッパ由来だから、日本にはいらない？

自民党の「日本国憲法改正草案」に合わせて公表された「日本国憲法改正草案Q＆A」には、まず、この草案のポイントとして、「……天賦人権説に基づく規定振りを全面的に見直しました」（三頁）として、憲法が保障する権利の性質を根本的に変えるかのような説明がなされています。

さらに、「人権規定も、我が国の歴史、文化、伝統を踏まえたものであることも必要だと考えます。現行憲法の規定の中には、西欧の天賦人権説に基づいて規定されていると思われるものが散見されることから、こうした規定は改める必要があると考えました」（一三頁）と明言しています。

天賦人権説というのは、「人は生まれながらにして平等であり、国家権力によっても奪うことのできない一定の権利を持つものだ」という考え方です。啓蒙思想・社会契約論が広まるなかで、アメリカ独立宣言（一七七六年）やフランス人権宣言（一七八九年）によって具体化されていきました。

たしかに西洋近代に起源があるのですが、自由や平等を不可欠とする民主的な政治制度を採用しようとする諸国において、今日まで地球規模で広がりを見せています。たとえば、

「すべての人民とすべての国とが達成すべき共通の基準として」国連総会で採択された「世界人権宣言」においても、「すべての人間は、生れながらにして自由であり、かつ、尊厳と権利とについて平等である」（一条）と宣言しています。ここに盛り込まれた諸権利を条約化した社会権規約と自由権規約の締約国は、二〇一三年四月現在、それぞれ百六十か国、百六十七か国となり、「普遍的な人権」という考え方は国際社会の中で広く受容されています。

自民党の「日本国憲法改正草案」が表明している天賦人権や普遍的人権・普遍性への敵意は、すでに現政権によって先取りされています。たとえば、「慰安婦問題」についての姿勢にも表れています。一九九〇年代以降、国際社会では戦時性暴力を被害者中心という普遍的な倫理に基づいて解決すべきだという合意に則《のっと》って、問題解決への努力を積み重ねてきました。しかし、二〇一五年の「日韓合意」もそうですし、アメリカ各地での「少女像」への姿勢、国連人権委員会での日本政府の立場は、そうした普遍的倫理への対抗であるように見えます。

日本の刑事司法についての「人質司法」[10]ではないかという批判は、元日産のカルロス・ゴーン氏の件で、あらためて国際的に論じられるようになりました。二〇一八年十二月には、国連の「恣意的拘束に関する作業部会」が、沖縄・辺野古の新基地建設に反対するグループのリーダーである山城博治《やましろひろじ》さんを約五か月にわたって勾留したことについて、「恣意的な拘束」にあたり、国際人権規約違反だと日本政府に通告しました。

多様な価値がひしめく国際社会の中で、積み重ねられてきた努力に背を向けるという点では、二〇一八年末の国際捕鯨委員会（ＩＷＣ）からの脱退にも共通する姿勢といえるでしょう。いろいろな考え方の違いがあって、一〇〇％合意できるわけではないが、それらの違いを超えて対話したり、理解したりしようとすることには消極的で、自らの文化や価値観を声高に主張して偏狭なナショナリズムを煽る。すべての人が合意できる「普遍」を追い求めていくことに後ろ向きな姿勢は、憲法的な価値から離れることです。

日本国憲法九七条は、「この憲法が日本国民に保障する基本的人権は、人類の多年にわたる自由獲得の努力の成果であつて、これらの権利は、過去幾多の試錬に堪へ、現在及び将来の国民に対し、侵すことのできない永久の権利として信託されたものである」と規定しています。日本国憲法は、他の国々での、そして歴史をさかのぼって、多くの人たちが「自由獲得」のために、「自分らしく生きていく」ために、場合によっては命も惜しまずに闘ってきた経験に連なって存在しています。私たち一人ひとりも、その経験に連なって、「ともに生きる」社会をつくる担い手となりたいと思います。そこにこそ、憲法の基盤が築かれるのではないでしょうか。

第Ⅱ部　立憲主義と政教分離原則

第1章　立憲主義と政教分離原則

立憲主義と個人の尊厳

立憲主義の根底にある考え方が、「個人の尊厳を究極の価値として、その個人を平等に尊重すること」、そして、そのために私たちは政治社会を形成して、個人の自由を守るために「公権力の担い手が憲法によって制限されること」をあらためて確認しておきましょう。憲法が政治権力を制約するためにあるという理解は、反面教師のような内閣による「非立憲的な」政権運営によって、よく理解されるようになったのではないでしょうか。とてもアイロニカルなことではありますが。しかし、「何のための憲法による制限なのか」ということの理解は、私たちの間で共有されているでしょうか。

第Ⅰ部第一章で取り上げましたが、二〇一八年夏に大きな社会的問題となった「生産性」をめぐる議論は、そのことを浮き彫りにしたのではないでしょうか。

つまり、性的少数者や子どもを持たない人たちを「生産性」がないとして社会から排除するという考え方は、「生産性」、つまり社会にとっての効用があるかないかによって人の価値を判断することですから、すべての個人を平等に尊重するのを否定することにつながっています。「個人の尊厳が究極の価値」であるのではなく、社会にとって、あるいは国家にとって有益かどうかが優先されるということになってしまうのです。それでは、すべての人がともに生きていくことはできません。

「生産性」をめぐる杉田水脈氏の主張に多くの人たちが敏感に反応したのは、その直前に、もうひとつ、日本社会が「個人の尊厳を究極の価値」としているか、そのことと真剣に向き合っているかが問われる出来事があったことも、潜在的な意識にあったのではないでしょうか。

私が念頭に置いているのは、二〇一八年七月に「オウム真理教事件」の関係者が六日と二十六日の二回に分けて、一か月の間で十三名もが死刑執行されたことをどう受け止めるべきか、ということです。この十三名の死刑執行それ自体の是非については、それだけでもかなりの言葉を尽くして論じなければならないことですから、そこには立ち入りません。ただ、ここで指摘しておきたいのは、この大量の死刑執行[11]をめぐって、日本社会でそれほどの大きな議論とならなかったことです。私自身はとても大きなショックを受けました。

しかし（まだ、これから、真剣な議論が展開される可能性もあるでしょうが）、一部を除いて、日本社会がこの死刑執行によって多くのいのちが奪われたことに対して、これをどう考えたらいいのか、私たちは死刑制度が存在するこの社会で、いかに生きていくべきなのかを十分に議論したとは到底言えないのではないでしょうか。

さらに年末に二名の死刑執行があって、二〇一八年は十五名もの大量の死刑執行となったと報道されましたが、半年ほど前のオウム真理教関係者の十三名の死刑執行がすでに風化しつつあることにも違和感があります。違和感の根底には、日本社会において、「個人の尊厳を究極の価値」とすることが共有されているのかが曖昧な点があると思うのです。私たちは、国家や社会に奉仕するために生きているのではありません。

個人の尊厳と自由

個人に尊厳があって、だから個人は平等に尊重されないといけないのは、「尊厳ある個人」がそうあるためには、「自分がどのような自分であるべきか」を自分で決めることができる意志を持ち、自分が大事だと思う考えがあるからでしょう。自分自身で自立的に考えるのでなければ、「尊厳ある個人」とはいえないでしょう。

立憲主義的な憲法という発想にとって格別に重要な思想家のひとり、ジョン・ロックは、個人とは、生命、自由、そして各人が自分の労働力を使って手に入れた応分の財産の主体であると言います。

そこで、「尊厳ある個人」の自由をいかに守るかということが、立憲主義的な憲法の最重要の課題となります。しかし、これまで日本社会では、市場原理主義的な「自由」でも、「自己責任」の競争に放り出される「自由」でもない、政治的権力・社会的権力との関係での「自由」ということをよく理解してこなかったのではないでしょうか。それは、社会の多数派がどう考えようとも、自分にとって本当に大事だという価値観を、社会の多数派に対抗・抵抗してでも守りたい、と考えるような機会が乏しかったからかもしれません。[12]

「個人の尊厳」、そして「自由」という価値が、立憲主義とどのようにつながっているのでしょうか。以下では、主に、憲法学者の長谷部恭男さんの説明[13]に依拠しながら、解説してみます。思想史の中でみると、自分が自分であるためになくてはならない、自分にとって本当に大事な価値観というのは信仰が典型といえるでしょう。

カトリックによって統一されていたヨーロッパ社会が、宗教改革を経て、生まれた地域の既存の教会にそのまま所属し、従っていくのではなく、自分の良心に従って信仰を選び取っていくからこそ、信仰は自分が自分であるためになくてはならない、ほんとうに大事な価値観ということになるでしょう。

しかし、いまや一つの政治社会の中で複数・多数ある宗教の中から、個々人が自分の良心に従って、信仰を、そして自らの生き方を選び取っていくことになった。宗教改革以降のヨーロッパ社会でカトリックの信仰に立って生きていくことと、プロテスタントの信仰に生きることとで、どちらかに優劣をつけることはできるのでしょうか。これについて、長谷部さんはオックスフォード大学哲学教授のジョセフ・ラズの指摘に依拠しながら、それらは、「比較不能」であるといいます。両者の優劣を比較する物差しはないので比較しようがない、というのです。[14] もはやすべての人にとって「生きるに値する唯一の生き方」はないということになります。

ですから、政治社会全体がそれを目標にして邁進することもありません。そうすると、一つの社会に「自分にとって、なくてはならない本当に大事な価値観」というのが複数存在することになります。そのような中で、それぞれの価値観を他者に押し付けないで共存するには、どうしたらいいのでしょうか。

比較不能な価値観の公正な共存

異なる複数の価値観を公正に共存させるには、それらが公の議論の場においては、対立の原因にもなりうる——そして、それらをめぐる対立は、自身にとって真に大切な価値であるからこそ深刻化しやすい――「そうした各自にとってこの上なく大切な価値観は脇に置いて、いかなる価値観を奉じている人にも共通するような物差しで議論し、最終的な判断を下す必要がある」[15]ということになります。他方、近代以降の社会では、「自分にとって妥協することのできない真に大事な価値観」が違っていても、一つの政治社会の構成員のほぼすべての人にとっての「共通の関心事」というのが存在するようになりました。地球温暖化や核兵器、戦時性暴力による被害などは、政治社会を超えて、地球規模の「共通の関心事」といえるでしょうか。

一つの政治社会にも、それぞれの政治社会において、構成員のほぼすべての人にとっての「共通の関心事」があるのだとすると、原理的には、それはすべての人が判断（政治的意思決定）に関わることができなければなりません。

しかし、その政治的意思決定過程に、相互に比較不能な価値観に依拠して議論してしまうと、自分にとって真に大切な価値観であるからこそ、価値観の異なる人たちに対しても押し付けてしまいがちで、それが深刻な対立を引き起こしやすいことは明らかです。そこで、民主的な政治的意思決定過程に、「各自が心から大切だと思う、しかし相互にせめぎあう価値観に関わる問題を含ませ[16]」ない。しかし、そのことは、この社会で自分にとってかけがえのない真に大切な価値観を持って生きることを妨げられるわけではありません。

そのために、民主的な政治過程によっても侵害することのできない権利を憲法で保障するという仕組みを整えることが必要です。これが立憲主義だ、というわけです。

「比較不能」な価値観や価値体系が複数あって、そのそれぞれが、それを大切にしている人にとってはかけがえのないものである。そして、同じ「価値観」を持っている人たちだけで政治社会を形成するのではなく、ひとつの政治社会に複数の異なる「価値観」を大切にしている人たちが存在する、かつ、すべての人が平等に尊重されなければならない。

民主的な政治過程においては、合意を形成しながら多数決で決するために、場合によっては、少数派の人たちにとって重要な価値をおく事柄が無視されたり、不利に扱われたりすることもあり得ます。それでは「すべての個人が平等に尊重される」ことになりません。

そこで、すべての人の「共通の関心事」について意思決定する民主的な政治過程（＝公的領域）に、こうした「価値観」が入ってこないようにする。これは、政治社会において、「比較不能」な複数の「価値観」が共存するためですから、民主的な政治過程に載せないことで、それらの価値が否定されるわけではありません。むしろ、「比較不能」な「価値観」を大切にするための工夫です。ですから、基本的人権を保障して、特定の価値観や価値体系を排除するような事態にならないよう警備するのが、憲法の重要な役割なのです。

国家と自由

　そして、このような役割として基本的人権を位置づけると、そうした性質が強い典型的な人権が、信教の自由、思想・信条の自由、プライバシー権（自己決定権）だといえるでしょう。信仰、思想や信条、どのように親密な関係を構築するかどうか。これらは、まさに自分自身がどのような人生を生きていくかの柱になるものです。キリスト者にとって、自身の信仰なしに――もちろん、自分の信仰というものが、何なのかを常に問い直しつつ生きていくという意味で[17]――自分が自分らしく人生を生きていく、ということを考えられるでしょうか。要するに、どのような信仰を持つのか、どのような思想や信条を大切にするのか、どのような親密な関係を構築して生きていくのかといったことを、「平等に尊重される個人」は、自分で決めることができなければなりません。国家や社会の多数派といえども、これらについて口をはさむことはできないのです。

　さらにいえば、近代的な立憲主義の国家とは、こうした自由を保障するためにこそ設立されたということもできます。立憲主義的な憲法がない国家でも、多数派の信仰の自由は保障されるでしょう。そして歴史上、そうであったように――また、二〇一九年の天皇の代替わりに際して行われる、皇室の宗教的な行事である「大嘗祭《だいじょうさい》」について、どのように支弁すべきかという議論もそうであるように――、社会の多数派が奉ずる宗教に対して、国家のすべての構成員が拠出する税金が投じられることが起こりうるわけです。

その場合、多数派の信仰――皇室神道を国家的に支えることを支持したり、少なくとも特段の支障があるとは考えたりしない信仰のあり方――は尊重されているといえるでしょうが、少数派には異論があるわけです。少数派の異論を無視したり、押しのけたり、強行されたりするなら、さらにそうした強行がまかり通るなら、この国家において少数派に属する人たちは、多数派の人たちと同様に「平等に尊重される個人」と言えるでしょうか。

むしろ、多数派の信仰や思想信条、あるいは道徳のみが国家構成員のすべてに押し付けられてしまう事態は、「個人の尊厳が平等に尊重される」ために設けられた国家――立憲主義的な国家――において許容できないことです。というのは、それが、「(人生はいかに生きるべきか、何がそれぞれの人生に意味を与える価値なのかを自ら判断する) 能力を特定の人間にのみ否定することは、かれらを社会生活を共に送る、同等の存在としてみなさないと宣言していることになる」[18]からです。「国家が自由のためにある」ことが「基本則」なのですから、多数派形成を行動原理とする「利益集団多元主義デモクラシー」こそ、警戒しなければならないという重要な指摘[19]も忘れてはなりません。

信教の自由については、別の方向から見ると、国家には次のようなことが要請されます。

一つの政治共同体の中で、異なる複数の価値観を公正に共存させようというわけですから、必然的に国家が、特定の根底的な価値観、典型的には特定の宗教に肩入れすることは禁じられるということです。これが、政教分離原則です。つまり、立憲主義という企てにとって、信教の自由を保障することと政教分離原則を貫いていくことは、核心的な関心事だということがわかります。

ここで少し整理しておきましょう。いろいろな点で「異なっている」私たちが、「異なっている点」を乗り越えて、それぞれが平等に尊重され、ともに生きていくことができる社会の基盤が憲法だといえるためには、まず、自分にとってかけがえのない大切な価値観を、個々人が有することが認められること、そしてそのためには、国家は、特定の価値観だけを優遇しないことが肝要だということです。そのために、信教の自由の保障と政教分離原則が採用されているのです。

それでは、立憲主義の憲法にとって、いわば「試金石」ともいえる政教分離原則と信教の自由は、日本社会において、どのように取り扱われてきたでしょうか。

そもそも私たちは、「個人の尊厳を究極の価値」として選び取ってきたといえるでしょうか。理念としては理解できるけれど、日常の中で、それが生活に活かされる価値として大切にしてきたとまでは言い切れないのではないでしょうか。私たちの日常生活においても、たとえば家族の中で、友人・知人との関係の中で、それぞれを〝個人として尊重する〟ということを実践してきたといえるでしょうか。

「実践」とまでは、なかなかいえないかもしれません。しかし少なくとも、建て前としてであっても、さまざまな判断の拠って立つ根本的な原理として、「個人の尊厳」ということを念頭に置いてきたでしょうか。「立憲主義の危機」は、政治家が憲法をないがしろにすることだけで起こっているのではありません。もちろん、それは見過ごすことのできない重大なことです。しかし、「憲法を守れ」と言っている私たちにも、振り返ってみるべきことがあるのではないでしょうか。次の章では、その点を考えていきます。

翻訳可能な普遍

最後に、政教分離原則からすると、自分にとってかけがえのない真に大切な価値観である信仰を持つ宗教者が政治的な声を挙げてはいけないの？　という疑問を持つ方もいるかもしれません。

また、そのような受け止め方が、日本社会のいわゆる「宗教的雑居性」と重なりつつ、「日本文化」といえるほどには日本社会に浸透していない宗教を、社会から排除する根拠になることがあります。これをどう考えたらいいでしょうか。

たしかに、立憲主義という考え方にとって、ともすればガチガチの「教義」として内在的な批判も許さないような、そして外部に開かれていない価値観や世界観（信仰も含め）は、公的領域における、「社会のすべての人に関わる議論の場」には載せないようにすることが基本です。『正義論』で著名な、アメリカの政治哲学者ジョン・ロールズが『政治的リベラリズム』において構想したのは、前書『正義論』で示した「正義の原理」に則《のっと》ってつくられる基本的政治制度です。そのような社会では、多元的な価値観が存在することが前提とされるけれど、この社会では「政治的なリベラリズム」を損ねてしまうような「包括的な教説（comprehensive doctrine）」は許容されないといいます。社会のすべての人に関わる政治的な議論をする公的な議論の場に、特定の人にしか理解できないような、「包括的な教義・教説」は入り込んではならないということです。

しかし、逆に言えば、特定の宗教的な淵源を持つ価値観であっても、その信仰を持たない人にも理解できるような合理性を持つとしたら、それを排除する理由はありません。言いかえると、その価値観が「翻訳可能な普遍」性を持っているかどうかにかかっているといえそうです。

「翻訳可能な普遍」として、この社会に生きるすべての人に関わる課題を議論する際の論拠となり得るか。それを考える上で肝心なのは、特定の宗教が社会の中で支配的な位置を占めているとすると、その宗教的価値観が他の宗教的価値観を押し殺していないかです。立憲主義が生まれ出てきた欧米社会においては、その「母体」でもあるユダヤ・キリスト教的な価値観によって理解されないと排除されていないか、現代の日本社会においては、明治憲法下で構築された国家神道に根差していたり、関係の深い価値観に浸食されていないかを注意しなければならないでしょう。

そのような注意を払った上で、「翻訳可能な普遍」として政治的な議論の場に声を発信することは可能です。むしろ政教分離原則が警戒しなければならないのは、国家権力とあわよくば一体化したいとの強い欲求を持った宗教的価値観であり、それを体現する組織なのではないでしょうか。そして、日本の戦後史の中で、それが顕著に見られるのが「靖国神社国家護持化」の運動です。これについては、第三章・第四章で論じます。

第2章　日本社会における立憲主義の困難

「人に迷惑をかけない範囲」論

第一章の終わりの方で、「国家と自由」について述べました。皆さんは、「自由」をどんなふうにとらえているでしょうか。よくある言い方として、「人に迷惑をかけなければ、その範囲で自由にやっていいですよ」という表現があります。「人に迷惑をかけない範囲での自由」というわけです。日本国憲法が定めている「公共の福祉」をわかりやすく表現する仕方として、あながち間違っているわけでもなさそうです。

というのも、立憲主義の憲法が私たちの権利・自由を保障しているとすると、私にも権利・自由が保障されていますが、他のすべての個人にも権利・自由が保障されています。ですから、たとえば私が「表現の自由」を行使することが、他者の「プライバシーの侵害」となることもある。いくら表現の自由が民主的な社会にとって、なくてはならない重要な自由であるとしても、他者のプライバシーや名誉、人格を傷つけるような表現活動が無制約に行えるとは考えにくいのです。こうして、個人と個人の基本的人権の衝突を調整するために「公共の福祉」という制約原理を設けているのです。

そうすると、冒頭の「人に迷惑をかけない範囲での自由」という言い回しは、この「公共の福祉」を日常生活的な表現で言い表したものといえそうです。しかし私は、この表現にはちょっと注意が必要だとも思います。それはどういうことかというと、「人に迷惑」をかけるということを、日本社会では過剰に大きく見積もってしまうような傾向があるからです。（私たちは、他人に迷惑をかけないようにと、過剰に「迷惑になるかもしれない」ということを怖がって、委縮してはいないでしょうか。）また、何らかの迷惑、害悪といった影響を与えない、その意味で「毒にもならないような」表現しか世の中に存在しないというのは、ひどく無味乾燥ですし、知的な刺激もなさそうです。

「無害な表現」も表現の自由として保障されていますが、それはわざわざ憲法で保障しなくてもよさそうです。むしろ人に違和感を感じさせたり、考えさせられたり、疑問を持ったり、好奇心を掻き立てられたりするような表現は、ともすれば言論・表現の世界から追い出されてしまいがちなのではないでしょうか。だからこそ、こうした表現にアクセスできるようにしておくことが多様性を確保します。憲法が役割を果たすのは、ここにあります。

「梅雨空に『九条守れ』の女性デモ」という俳句を、さいたま市大宮区三橋公民館の「公民館だより」に掲載することが妨げられた事件がありました。すでに司法判断が示されていますが、身近な場面で、私たちが自由に意志表示することが困難になってきているように見受けられます。

集会やデモの規制が強化されるようになりました。新宿区は区立公園の使用基準を見直し、二〇一八年八月一日から、市民がデモをするための出発に使用できる公園をそれまでの四か所から一か所に制限しました。主な理由として挙げられたのが、デモの騒音や交通規制で地域住民や商店、学校などが「迷惑」を被っているということでした。このようにして、市民のデモや集会が近隣住民にとって「迷惑」だからというので、安易にデモ・集会が規制されてしまっては、憲法が表現の自由を保障している意味はなくなってしまいます。

権力との関係における自由

さらに、この「迷惑をかけない範囲で」論は、自由を行使する際の対抗関係について、「私人と私人」[20]にばかり注目して、権力との関係でこそ自由でなければならないということが抜け落ちてしまいがちです。デモをしている道路で交通規制があって、乗車しているバスがスムーズに進まない、これでは時間どおりに目的地に到着できないと「迷惑」に思うあなたも、立場が変わって、別のテーマを掲げてデモに参加しなくてはならないこともある。デモをしてまでアピールしなければならないことを、この社会はたくさん抱えています。政治的表現活動としてのデモや集会を制限することで、実は、「迷惑だ」と被害を訴える側も、〝表現の自由〟という民主的社会にとって最も大切な自由を窮屈にしてしまう事態が、自分にも降りかかってくるのです。表現の自由が保障される範囲が狭くなってしまうことは、「迷惑だ」と訴えた市民も含め、すべての市民にとって大きな損失になってしまうのです。「ものを言えない社会」はとても息苦しいものです。

現代の日本社会が「ものを言えない社会」だというのは大げさだ、表現の自由はあふれかえっているではないか、と反論があるかもしれません。たしかに、ネット社会の現代日本社会には多くの情報が行き交っているでしょう。しかし、そこに意見の多様性はあるでしょうか。（二〇二〇年のオリンピック開催を前提とし、また開催を支持することを前提として）「オリンピック・ボランティア募集！」のポスターがたくさん張られているとしたら、「祝祭資本主義[21]反対！」という意見も流通されていなければなりません。支配権力側にとって都合のいい表現だけがたくさん流通していても、それで表現の自由の保障が充実しているとはいえません。

憲法が、表現の自由を含め、私たちに権利・自由を保障していることに意義があるとしたら、まさに権力との関係でこそ自由がなければならないのです。しかし、そのことを見損ねて、「デモはうるさいので迷惑だ」いう意見に乗っかってしまうのは、表現の自由規制に加担してしまうことになるのです。[22]

自己責任論の登場

そのように日本社会では、権力との関係でこそ自由が求められるという点が、十分に私たちの間に浸透してこなかったように思います。そこに、日本社会で「私たちの自由のための」立憲主義を、人々の間で広く〝自分たちのもの〟と確信できるほどにつかみ取ることができていないもどかしさがあります。さらに、一九九〇年代後半以降の市場万能主義的な競争が強調される中で、「市場の自由」としての自由にばかり特化されてしまってはいないでしょうか。

そのことは、ここ二十年ほど「自己責任」という言葉をよく耳にするようになったことにも通底しているのではないでしょうか。たとえば、シリアで拘束されていたジャーナリストが二〇一八年十月に解放された際にも、「自己責任」という言葉が一部では声高に叫ばれました。「危険であることがわかっていて渡航したのに、政府に助けを求めるな」というバッシングでした。二〇〇四年のイラクでの三人の日本人人質事件の際にも日本国内では、「自己責任論」が巻き起こりました。

英誌『エコノミスト』などが日本とアメリカ、イギリスの三か国で実施した「孤独」に関する意識調査で、「孤独は自己責任かそうでないか」という問いに対して、日本では、「自己責任」との回答が四四％に上り、イギリスの回答一一％の四倍との報道に触れました。[23] 孤独と感じるかどうかは主観的ですから、この上なく裕福な生活をしていても孤独だという人もいるでしょう。しかし、孤独が社会的孤立に起因したものであるとすると、それをも自己責任で片づけてしまっていいものでしょうか。それでは、憲法が生存権を保障していることの意味がなくなってしまいます。

英語圏の「責任」という語、つまり responsibility は、response（＝応答）という語が語源ですから、日本でいわれる、自分が悪かった、自分の努力が足りなかった、その結果としての「自己責任」という「責任」とはかなり違います。キリスト教の宗教としての特徴を示す際に、バアル宗教が「力の宗教」であったのに対し、ヤハウェ宗教は「契約の宗教」だと対比されることがあります。「力」は、力の強いものが弱いものを支配するために一方的に行使されますが、「契約」は双方向的です。造り主・超越神としての神は絶対的存在ですが、被造物と言葉によって交流します。そして、神にとって被造物である人間は存在すること、生きることが「応答」ということでしょう。

こうしたキリスト教的な「契約」の観念が、第Ⅰ部第二章でも紹介した「メイフラワー誓約書」にも読み取ることができます。メイフラワー誓約書は、まさに社会契約論に依拠して政治的共同体をつくるための文書でした。これから、みんなで新しい土地で生活していく、共同生活を営んでいくために、共同体としての意思決定を全員で行う、そして、全員がそれに従うという契約です。

プリマス植民地をさらに国家規模にしたのが「憲法」になります。社会契約によって成立する国家は、国家も一方の当事者として責任を負います。日本国憲法三〇条は、いわゆる租税法定主義を定めていますが、それは、「税金を徴収するというのなら、法律という形式によるのでなければならない、ちゃんとした法律によって、課税するのでなければ、納税しません」というわけです。納税は「義務」だけれど、どんなふうにでも税金を徴収できるわけではなくて、国家のほうも「ちゃんとした法律を制定して課税する」という責任を果たしてください、と。

ですから、国家が責任を果たさない時に、国民も義務を負わないはずなのです。同様に、国家が国家としての義務を果たさない時、国民も責任を問われるいわれはないでしょう。

労働基本権が保障されているのに、国家が労働権を守る仕組みを十分整備していないから、ディーセント（人間らしい）な働き方ができない。生存権が保障されているのに、国家が社会保障制度を必要な人に届くように整備していない、その結果としての過労死や社会的孤立なのに、「それはおかしい」という声が国家に向かわずに、犠牲者でもある個人に「自己責任」の眼差しが向けられる。

こうして、「自己責任論」は国家権力の責任を曖昧にしてしまう傾向があるのです。二〇〇四年のイラク日本人人質事件の際には、拘束された方やその家族にまで「非国民」といった中傷までなされたといいます。「自己責任論」は、集団の中で少しでも異なる言動をした人を排除するのに便利に使われてしまいます。

これまで戦後の日本社会は、日本国憲法があって、日本国憲法の価値が大切にされてきたようにも見えます。なんといっても七十年以上の間、改正されなかったのですから。しかし、そのことをもって、日本国憲法が真の意味で活かされてきたともいえません。もちろん、日本国憲法下における七十年間、憲法九条を大切だと考える日本の多くの人たちの努力によって、日本は他国と戦争することはありませんでした。戦争による被害者を出すこともありませんでした。

しかし、何のための日本国憲法九条でしょうか。戦争や国家による軍事力の行使は究極の人権侵害だからです。戦争・軍事力行使によって、命を奪い、奪われることだけでなく、戦争を行う国は、国内外において人々の自由を踏みにじります。そうでないと戦争なんて遂行できないからです。逆に、（もしかすると、新たにまた進みつつある「教育改革」によって）自分のことも隣人も大事にしない、自分の頭で自立的に考えることもしない、体制に順応し、国家に奉仕する、そうした若い人たちを養成することは、戦争の準備ともなるでしょう。躊躇も葛藤もなく、戦争に駆り出されていく若者がいなければ、戦争は成り立たないでしょう。

憲法の前文には、「平和的生存権」が規定されています。

「われらは、平和を維持し、専制と隷従、圧迫と偏狭を地上から永遠に除去しようと努めてゐる国際社会において、名誉ある地位を占めたいと思ふ。われらは、全世界の国民が、ひとしく恐怖と欠乏から免かれ、平和のうちに生存する権利を有することを確認する。」

平和を維持して、専制的な政治や庶民を隷従させたりすること、人々をさまざまな理由で圧迫して排除しようとしたり、社会の中でも偏狭な考え方によって追い立てたりする

「構造的暴力」を、国際社会は永遠になくそうと努力している。そして、日本国もそれに連なっていこう。そして、恐怖や欠乏・貧困・飢餓から抜け出し、単に紛争がないというだけでない、構造的暴力のない、真の意味で平和な社会で生きる権利が保障されなければならない、というのです。これは、国連が提唱する「人間の安全保障」の先取りです。

そして、平和的生存権によって守ろうとしているのは、個々人の自由であり、その自由というものと真っ向から対立するのが、戦争であり、軍事的な価値です。日本国憲法はその意味で、私たちの自由を根底から守るためにこそ、軍事的な価値を徹底的に否定しているのです。

「国民主権」への強い期待と[24]

「自由」、とりわけ権力との対抗関係の中での〝個人の自由〟を意識することが十分ではなかったこと。そしてその意味で、立憲主義が、また立憲主義によって立てられる国家が「私たちの自由のため」であるという意識もまた十分に醸成されなかった経緯には、もう一つの説明があります。

「立憲主義」や「立憲」という言葉や観念は、戦前の「立憲政友会」や「立憲民政党」という政党名にも使われているように、大日本帝国憲法下においても通用していました。

大日本帝国憲法の制定それ自体が、さまざまな制約があって、「外形的立憲主義」にとどまると評価されるものではありましたが、まがりなりにも「立憲」政治の採用でした。明治期の政治家も、「立憲主義」を理解していたのです。

A　憲法に臣民の権利条項はいらないのではないか。

B　それは、憲法に退去を命ずる説である。そもそも憲法の趣旨は、第一に君権を制限し、第二に臣民の権利を保全することにあるのだ。

この論争は、大日本帝国憲法の起草段階の一八八八年、文部大臣の森有礼《ありのり》（A）と首相の伊藤博文（B）の論争です。

百三十年も前になりますが、伊藤博文は立憲主義の骨子をよく理解しているのです。森有礼のほうも、臣民の権利を軽視して憲法で保障する必要はない、と言っているのではなく、「そもそも権利なるものは人民の天然所持するところにして、法によってはじめて与えられるものにあらず」と、自然権論[25]に立脚した上での主張です。

つまり、大日本帝国憲法下の日本社会においても、立憲主義は理解されてきた経緯があるのです。大日本帝国憲法は「天皇主権主義」を採用していましたが、立憲主義的に運用されることで、大正デモクラシー期には議会を中心とする政治を確立していきました。しかし一九三〇年代には、その議会によって軍部をコントロールすることができなくなるに至り、総力戦に突入していきました。

その多大な惨禍を経て、日本国憲法では、それまでの天皇主権主義から国民主権主義への大転換がなされました。「主権」がどこにあるのかは、憲法の枢要な事柄ですから、「革命」のようなことが起こって、根本的な憲法原理が変更されるのでもないかぎり、一般的には変更は起こり得ません。

そのことを憲法の学説上は、「憲法改正の限界」として説明されています。大日本帝国憲法にも日本国憲法にも、それぞれに「改正」についての規定がありますが、その憲法が定めている改正の手続きに則《のっと》ったとしても、「立憲主義の憲法」という性質上、どうしても改正することのできない原理やそれを規定する条項というものがある。この「憲法改正の限界」を超えて「改正」してしまうことは、もはや「改正」ではなく、まったく新たな憲法を制定することになる。それをやってしまうのは「革命」のようなものといえます。

あるいは、少なくとも「革命」などによって憲法の原理が転換したのでないとしても、通常の憲法改正の手続きではない、革命後に、まったく新たな憲法を制定する時には「憲法制定議会」を設置して審議するように、相当に慎重に進めなければならないということになります。

ともあれ、日本国憲法によって、天皇主権から国民主権に転換したことには「革命的」な意義がありました。戦時下で自由を抑圧されていた人々が、ふたたび自分たちの政治社会を「国民主権」の名において動かしていくことに大きな期待が寄せられました。民主主義によって自由を獲得していくという戦後の国民主権主義への期待は、日本国憲法四一条にも「国会は、国権の最高機関」、「唯一の立法機関」と言い表されています。

しかし、「民主主義」への傾斜の一方で、議会の正統性の根拠は「国民の厳正な信託」によるものであることが希薄になり、国民を頭ごなしに「決める政治」を語るようになってしまった議会人には、権力への制限を核心とする「立憲主義」が疎遠なものとなっていったことは否めないでしょう。

第3章　政教分離原則の日本的展開

政教分離原則は何のため？

第Ⅱ部一章で、政教分離原則が貫かれているか、信教の自由が十全に保障されているかという点は、立憲主義の「試金石」だと指摘しましたが、さて日本ではどのように扱われてきたでしょうか。

戦後日本の宗教の自由に関する憲法問題（ここでは、司法を舞台として憲法問題が議論されることを念頭に置いています）は、主として「政教分離原則」をめぐって議論されてきました。まず、すぐあとで紹介する「津地鎮祭《つじちんさい》訴訟」の最高裁判決が一九七七年に出されました。それから十年ほど経過して、「自衛官合祀拒否訴訟」の最高裁判決が一九八八年に下されました。その後、箕面忠魂碑《みのおちゅうこんひ》訴訟（一九九三年）、愛媛玉串料訴訟（一九九七年）、一連の首相の靖国神社参拝をめぐる訴訟や、天皇の代替わりにともなう即位の礼・大嘗祭に関する訴訟などが争われてきました。

これらの最高裁判所が扱った署名な事件とは、戦前の日本社会の特質であった「国家と宗教との独特な結びつき」が、戦後、日本国憲法下においても、すっきりと清算されることなく居据わり続ける「残骸」を対象とするものといっていいでしょう。神社神道も忠魂碑も、また靖国神社や天皇の代替わり儀式に関する事件も、天皇中心主義であったり、軍国主義であったりといった、戦前の日本の国のありように直結するものですから、単に「政教分離原則」問題というだけでなく、伝統的な「国家」というもののイデオロギー的な性格が焦点となっているともいえます。

そうすると、これらの事件は裁判所における、この領域に関しての「戦後責任」問題でもあるのですが、結果的に最高裁判所は、それほど積極的に役割を果たしてきたとはいえません。最高裁の立場は、二〇一九年に行われる予定の天皇の代替わり儀式に関する議論とよく似ています。つまり、事柄に内在する（と主張される）「宗教的な性格」を否定するか最小限に見積もり、かつ国家との関わりもごくわずかにすぎないと過小評価することで、戦前の「国家と宗教との独特な結びつき」を清算することに向き合うことなく、問題を先送りしてしまうのです。結果として、戦前的な日本の国のありようを維持したい、あるいはさらに復権させたいと考える人たちにとって、最高裁は後ろ盾となってきたともいえます。

先例としての津地鎮祭訴訟最高裁大法廷判決（一九七七年七月十三日）

戦後、日本国憲法下で、政教分離原則に関する先例となったのが、一九七七年の津地鎮祭事件最高裁大法廷判決です。事件は、一九六五年一月に三重県津市が主催して、津市体育館の起工式が行われたことが発端です。問題は、この起工式が神職主催のもとで神式に則る地鎮祭として挙行され、市が神官へ謝礼・供物代金などの費用（七千六百六十三円）を公金から支出したことです。そこで、当時、津市の市議会議員であった原告が政教分離原則に違反すると住民訴訟を提起しました。

第一審では、この起工式を「宗教的行事というより習俗的行事」とみなして、原告の主張は認められませんでした（津地裁一九六七年三月十六日）。第二審の名古屋高等裁判所では、この起工式は憲法二〇条三項が禁止する宗教的活動であり、公金支出を違法と判断しました（一九七一年五月十四日）。これに対して市側が最高裁判所に上告しました。

最高裁では、十五人の裁判官のうち五人が「反対意見」を、裁判長でもあった藤林益三《ふじばやしえきぞう》最高裁長官が「追加反対意見」を書くという異例の判決となりました。判決は、細かな点を省略して大づかみすると、概要、次のように結論付けました。

まず、憲法二〇条が定めている政教分離原則とは、信教の自由を確実にするための「手段」なので、政教分離によって直接的に信教の自由を保障しているというのではありません、といいます。そこで、信教の自由を保障することはとても重要なのだけれど、現実の国家制度としては、国家と宗教を完全に分離することは不可能なので、ある程度は国家と宗教の関わり合いを許容せざるを得ないのだ、ともいっています。

ただ、国家と宗教との関わり合いを許容せざるを得ないといって終わってしまっては、憲法が政教分離原則を定めている意味がなくなってしまいます。「ある程度」の関わり合いはしかたないけれども、ある一定の限度を超えたものが政教分離原則によって禁止されているのだ、となります。そして、その「限度」を見極めるために、「目的効果基準」[26]という「基準」（ものさし）――これが有効な基準になっているのかどうかには学説上、強い疑念が示されてもきましたが――を採用しました。こういうことです。

政教分離原則というのは、国家が宗教との関わり合いを持つことを全く許さないととらえるべきではなくて、「宗教的意義を持つ」目的や「宗教に対する援助、助長、促進または圧迫、干渉等になるような」効果を検討して「相当とされる限度」内にとどまるかぎりは、国家と宗教との結びつきがあっても許容されるというのです。

「目的効果基準」のその後

津地鎮祭最高裁大法廷判決は、その後、政教分離原則の領域におけるリーディング・ケースとして踏襲されてきました。その後、一九九七年の愛媛玉串料訴訟最高裁大法廷判決(一九九七年四月二日)では、この目的効果基準を適用した上で、愛媛県が、靖国神社や県内の護国神社に玉串料・献灯料等の名目で公金を支出した行為を政教分離原則違反と判断したから、この基準を「厳格」に適用すれば、政教分離原則を空洞化させることはないので、有効な基準だという理解もあります。

しかし、憲法二〇条や八九条が制定された経緯からすると、これは的外れになってはいないでしょうか。つまり、本来の「メイン・ターゲット」をとらえきれていないのです。少し歴史をさかのぼって、現在の憲法二〇条・八九条が制定される経緯を概観してみます。

政教分離原則を定めるのに先立って、占領政策としてGHQ(と日本政府の合作)によって、戦前の日本の「国家と宗教との独特な結びつき」を解体する施策がなされました。まず一九四五年十月四日に、いわゆる「人権指令」を発令し、日本政府に対して「信教の自由の制限を負荷または維持するすべての法律、布告、勅令、政令、規則の廃止および信仰を理由として特定の個人を有利、不利に取り扱う条項またはその運用の即時停止」を命じました。これによって、宗教団体法や治安維持法は廃止されました。

次に十二月十五日に、いわゆる「神道指令」が発出されました。その趣旨は、神聖さをまとった天皇への絶対的な忠誠というものが、神社という疑似宗教的装置によって醸成されてきた回路を断ち、神道を軍国主義・超国家主義に利用することが再び起こらないよう防止するということです。具体的には、神社に対する財政的援助の禁止、神社への寄付を個人に強制することを禁止、神道的な儀式の中で軍国主義的な宣伝を禁止、伊勢神宮の宗教的式典に対する強制的動員の撤廃などでした。政教分離原則が貫かれなければならなかったのは、まさに戦後の政教分離訴訟の多くが争ってきた、戦前の日本の「国家と宗教との独特な結びつき」の残滓です。日本の政教分離原則は、そのもともとの標的をとらえきれていないといえるのではないでしょうか。

実は、本家本元のアメリカにおいても、ひとつには、この基準（レモン・テスト）そのものの曖昧さのゆえに、レモン・テストは有効なのかどうか懸念が強まり、この基準に代わる審査基準が模索されてきてもいます。それ以上に、この基準の「融通無碍な」性質を、愛媛玉串料訴訟最高裁判決で多数意見に対して「意見」（違憲という結論は多数意見と同じでも、その理由が異なるために、別に書かれることがあります）を書いた、高橋久子裁判官の意見が言い当てています。高橋裁判官の意見によれば、「原則はあくまでも『国家はいかなる宗教的活動もしてはならない』のである。ところが、多数意見は、『国家は実際上宗教とある程度のかかわり合いを持たざるを得ないことを前提とした上で』と、前提条件を逆転させている」のではないでしょうか。

また、高橋裁判官は、こうも指摘しています。「宗教的感覚において寛容であるということは、それ自体として悪いとはいえないであろうが、宗教が国民一般の精神のコントロールを容易になし得る危険性をはらんでいるともいえる。」特定の信仰に固く立つのでなく、宗教的な雑居性を受容し、「クリスマスも祝って、大晦日には除夜の鐘をつき、正月には神社に初詣に行く」ことが違和感なく実践される日本社会のありようは、それ自体が非難されるべきことではないが、精神的に国家や社会支配層によってコントロールされやすいのではないか、そして、政教分離原則は、そうした事態に至ることを防止する役割でもあるはずなのに、多数意見は「いわば目盛りのない物差し」のような「目的効果基準」を適用したのでは、政教分離原則の本来の役割を発揮しないではないかというのです。だから、政教分離原則はより厳格に適用されなければならない、と指摘しています。

さらに、もうひとつ「社会通念に従って」判断するという抜け穴です。津地鎮祭判決で定式化され、その後の政教分離原則違反が問われる事例で、裁判所が踏襲してきたのは次のようなものです。

「ある行為が（憲法二〇条三項によって禁止される）宗教的活動に該当するかどうかを検討するにあたっては、……その行為の外形的側面のみにとらわれることなく、（その行為の行われる場所、一般人の宗教的評価、行為者がその行為を行うについての意図、目的及び宗教的意識の有無、程度、一般人に与える効果、影響等）諸般の事情を考慮し、社会通念に従って、客観的に判断しなければならない。」

（括弧内筆者補足）

つまり、いろいろな要素を考慮に入れて総合的に判断するが、その総合的判断を左右するのは「社会通念」なのです。

「社会通念」とは何でしょうか。「多数派の意識」というようにも聞こえます。しかし、愛媛玉串料訴訟最高裁判決で、大筋で「多数派の意識によって、政教分離原則違反であるかどうかを判断せよ」と説示する三好達《みよしとおる》裁判官の反対意見は多数を形成できなかったので、これが最高裁の立場ではないようです。しかし、「社会通念」が「多数派の意識」に引きずられがちであることも指摘できそうです。そのような懸念を払しょくできないのは、次に紹介する「自衛官合祀拒否訴訟判決」のような判断がなされているからです。

自衛官合祀拒否訴訟

一九六八年に公務中に交通事故で亡くなった自衛官が、隊友会山口支部連合会の申請によって護国神社に合祀されました。隊友会というのは、退職した自衛官の、いわば互助組織です。背景には、「靖国神社国家護持運動」がありました。靖国神社・護国神社と国とのつながりを再興しようというのです。

この合祀に対して、自衛官の妻は、合祀に関する働きかけがあった当初から、拒否の意志を示していました。妻の反対にもかかわらず、合祀がなされてしまったのです。そこで妻が、自衛隊山口地方連絡部の協力を得てなされた合祀申請の取消と、宗教的人格権の侵害に対する慰謝料の支払いを求めて、国と隊友会に対して訴えを提起したのがこの事件です。地裁・高裁は、原告（被上告人）の請求を認めましたが（山口地裁一九七九年三月二十二日判決、広島高裁一九八二年六月一日判決）、最高裁判所では、合祀申請は隊友会という私的団体のした「単独行為」と認定した上で、目的効果基準に照らして、「隊員の士気の向上を図る」目的と「宗教的意識の希薄さ」から、政教分離原則違反を否定しました（最高裁一九八八年六月一日大法廷判決）。また、原告の宗教的人格権の侵害も認めませんでした。

この判決には、複数の「補足意見」や「意見」が付されていて、さらに有力な「反対意見」（伊藤正己《まさみ》裁判官）も書かれているのですが、それだけ難しい判断となったのでしょう。学説も、この判決に対して批判的な意見が多くあります。特に批判されているのは、判決の中で、「信教の自由の保障は、何人も自己の信仰と相容れない信仰を持つ者の信仰に基づく行為に対して、それが強制や不利益の付与を伴うことにより自己の信教の自由を妨害するものでない限り寛容であることを要請しているものというべきである」と指摘した点です。

つまり、合祀によって原告の信仰が妨害されたというわけではないのだから、多数派が支持する護国神社の合祀の自由に寛容になりなさい、というのです。「少数派こそが、多数派に寛容であれ」というわけですが、信教の自由や政教分離原則とは、そのように理解していいものでしょうか。

第4章　ふたたび「神社は宗教にあらず」か？

「政教連携」

「政教連携」という語を耳にしたことはあるでしょうか。神社仏閣を観光資源として活用すべく、自治体と宗教法人が連携することを指しているそうです。[27] 生き残り競争がし烈な地方自治体で、地域にある神社仏閣を観光資源として活用しない手はない、と推進されてきているようです。すでに訴訟になって、司法判断が示されている事例もあります（後述する白山比咩《しらやまひめ》神社事件）。

たしかに、日本における世界文化遺産の多くは宗教関連の文化遺産であることからしても、「観光資源」として宗教関連施設に注目したくなるのは、よくわかります。しかし、政教分離原則上、問題はないのでしょうか。

二〇一六年五月、政府はG7サミットの開催地を伊勢神宮に近い、三重県の伊勢志摩に決定しました（「伊勢・志摩サミット」）。いくつかの宗教団体が中止を求める文書や声明を発表したものの、安倍晋三首相はＧ７参加国の首脳を連れ立って伊勢神宮を訪れました。開催地選定に際して、「首相の肝いり」であったことなども、海外メディアを中心に報道されました。この際も、「政教分離の観点」から、「参拝」ではなく「訪問」という説明がなされました。逆にいうと、「政教分離」上の懸念があるにもかかわらず、あえて行われたということになります。しかも、それをあえて行ったからには、特定の政治的含意があるのではないかと疑われてもしかたがないでしょう。

その「政治的含意」とは何でしょうか。それはまさに、二〇一二年に自由民主党が発表した「自由民主党憲法改正草案」の二〇条に読み取ることができます。二〇条三項を以下のように変えようというのです。

改正草案二〇条　国及び地方自治体その他の公共団体は、特定の宗教のための教育その他の宗教的活動をしてはならない。ただし、社会的儀礼又は習俗的行為の範囲を超えないものについては、この限りでない。

問題は、ただし書のところです。「社会的儀礼又は習俗的行為の範囲を超えないもの」、つまり、これまでの戦後の政教分離原則が争われた事例の多くが、戦前日本の「国家と宗教との独特な結びつき」を問い直していたのに対して、「社会的儀礼」であるとか、「習俗的行為」だとして、政教分離原則によって禁止されている宗教的行為ではない、と判断されてきました。疑わしい「国家と宗教との独特な結びつき」が政教分離原則をすり抜けてきたのです。そして、この改正の意図は、そうした判断を憲法上に組み込んで、確定してしまおう、というわけです。

第Ⅱ部第三章で紹介した愛媛玉串料訴訟最高裁判決の、高橋久子裁判官の意見が指摘していたように、現行の憲法二〇条であれば、「より厳格に」政教分離原則を適用することも可能です。ですから、自民党の改正案は、そのような「より厳格な」政教分離原則の適用を封じ込める意図があるのです。これでは憲法二〇条や八九条の規定を設けたことを含めて、神社を軍国主義・超国家主義のために利用してきた戦前日本の「国家と宗教との独特な結びつき」を清算しようとしてきた努力はむなしいものとなってしまいます。

戦前日本の「国家と宗教との独特な結びつき」を「国家神道」ともいいます。戦前の「国家神道」は、沖縄や台湾・朝鮮の植民地支配においても大きな爪痕を残しています。日本や天皇に対する忠誠を徹底する「皇民化教育」の重要なツールになったからです。[28]「台湾神宮」や「朝鮮神宮」といった神社を建設し、人々に参拝を促しました。京城（現・

ソウル）の朝鮮神宮は南山の中腹に建設されましたが、山を大きく削ってつくられた境内は、建設前の状態に埋め戻されて、現在は南山公園になっています。山を埋め戻してまで、神宮がなかった以前に戻そうとする意志の強さと、それを引き起こした大日本帝国がアジア各地で行ってきたことの責任を思い知らされます。そして、こちらのほうも「清算」は果たされていません。

ところで、大日本帝国憲法にも、日本国憲法二〇条にあたる信教の自由について定めた条文がありました。しかし、この条文が設けられていたものの、人々に神社参拝などが強制されました。まがりなりにも憲法で「信教の自由」を保障しながら、「神社」への参拝という宗教行為を強要することができたのは、「神道は国家の祭祀」「神社は宗教にあらず」と強弁されたからでした。現代日本に、ふたたび「神社は宗教にあらず」が登場するのでしょうか。いいえ、もうじわじわと復活しているようでもあります。

白山比咩《しらやまひめ》神社事件

「神社は宗教にあらず」というマジックが復活しようとしているのではないか。そんな懸念を感じるのは、この章の冒頭でも紹介したような「観光」の領域での寺社仏閣、とりわけ神社を自治体が観光資源としてみたてて、あれやこれやのサポートをする事例です。

すでに最高裁判所の司法判断もでています。それが、白山比咩神社事件です。

石川県白山市にある白山比咩神社が、鎮座二千百年を記念して「御鎮座二千百年式年大祭」を行うことになり、同大祭の奉賛会が発足しました。この奉賛会の発会式が行われた際に白山市長が出席して式辞を述べたことに対して、同市の住民が、市長の行為は政教分離に反する行為であり、このために支出した市長の運転職員の手当て等相当額の損害賠償を市長に請求する住民訴訟を提起しました。

下級審の間では判断が分かれました。第一審（金沢地裁二〇〇七年六月二十五日判決）では、市長が祝辞を述べたことや、それに関連して公金が支出されたことは政教分離原則に違反しないとしたのに対して、控訴審（名古屋高裁金沢支部二〇〇八年四月七日判決）では、祝辞を述べた行為は、憲法二〇条三項が禁止する宗教的行為にあたり、公金支出は違法であると判断したのです。

控訴審判決に対して、市長側が上告しました。最高裁判所は、例の「目的効果基準」を採用したうえで、結論としては、政教分離原則違反を認めませんでした。少し長くなりますが、判決から引用します（最高裁第一小法廷二〇一〇年七月二十二日判決）。

本件神社には多数の参詣客等が訪れ、その所在する白山周辺地域につき観光資源の保護開発及び観光諸施設の整備を目的とする財団法人が設けられるなど、地元にとって、本件神社は重要な観光資源としての側面を有していたものであり、本件大祭は観光上重要な行事であったというべきである。奉賛会は、このような性質を有する行事としての本件大祭に係る諸事業の奉賛を目的とする団体であり、その事業自体が観光振興的な意義を相応に有するものであって、その発会に係る行事としての本件発会式も、本件神社内ではなく、市内の一般の施設で行われ、その式次第は一般的な団体設立の式典等におけるものと変わらず、宗教的儀式を伴うものではなかったものである。そして、Ｄ（市長）はこのような本件発会式に来賓である地元の市長として招かれ、出席して祝辞を述べたものであるところ、その祝辞の内容が、一般の儀礼的な祝辞の範囲を超えて宗教的な意味合いを有するものであったともうかがわれない。

そうすると、当時市長の職にあったＤが本件発会式に出席して祝辞を述べた行為は、市長が地元の観光振興に尽力すべき立場にあり、本件発会式が上記のような観光振興的な意義を相応に有する事業の奉賛を目的とする団体の発会に係る行事であることも踏まえ、このような団体の主催する当該発会式に来賓として招かれたのに応じて、これに対する市長としての社会的儀礼を尽くす目的で行われたものであり、宗教的色彩を帯びない儀礼的行為の範囲にとどまる態様のものであって、特定の宗教に対する援助、助長、促進になるような効果を伴うものでもなかったというべきである。

つまり、最高裁判所は、白山比咩神社は地元の重要な観光資源であり、「御鎮座二千百年式年大祭」は観光収入の上で重要な行事であり、その事業を行うための「奉賛会」の設立に際して、市長が出席して祝辞を述べることは、「目的効果基準」に照らして、問題ありません、というのです。「目的効果基準」に照らしてみると、そう言えるのだろうとは思います。たしかに市長に、この神社の宗教的意義を高めたり、参拝すれば「ご利益」がありますとか、そういう宗教的な目的ではないのでしょう。「社会的儀礼」と言ってしまえばそうですが、実態はむしろ、神社が地元の観光資源になって、経済的に潤うことに賛同する地元の人たちの支持を確保するという政治的な目的でしょう。その意味で、宗教的ではなく、世俗的目的であることは間違いないのです。

ただ、「効果」の点ではどうでしょうか。他に観光資源がなければ、同様の「社会的儀礼」にあたるようなお付き合いを他の宗教施設との関係でも持つことはないでしょう。そうすると、神社との関わりだけが特別に目立ちます。観光資源にはならないとしても、宗教施設・宗教団体はたくさんあるはずですから、それぞれに「設立○○年」記念事業のようなものがあるでしょう。神社ではない宗教団体からすれば、自分たちの施設・団体発足から記念すべき年の祝賀に市長は特段の関心を持たないことで、神社に比べて大切に扱われていない、と受け止めるのではないでしょうか。そして、その団体に属す人たちも、また白山比咩神社に連なる人たちに比べて、何か格下の二級市民のように感じるのではないでしょうか。社会の中でこのような分断を引き起こさないようにしよう、というのが立憲主義の眼目としての政教分離原則でした。

問題は、このような事例で「目的効果基準」を当てはめて判断しようとすることにあるのではないでしょうか。この審査基準を定式化した津地鎮祭判決では、地鎮祭という行事を行う目的の非宗教性（工事の安全等）を強調すれば、目的の宗教性を詮索する必要はなかったといえるでしょう。しかし、いったん定式化されたこの目的効果基準を当てはめようとすると、「目的」の宗教性を判定しなければならないのですが、それはこれらの問題を解き明かすために適切なやり方でしょうか。一連の靖国神社・護国神社との関わりに関する訴訟がそうであるように、国・自治体の首長等が行う行為の政治的目的・選挙活動的目的を読み取ることはきわめて容易である一方、目的の宗教性や宗教的意義を判定するのは、不毛とはいいませんが困難です。

肝心なのは、こうした行為の「目的」がどうであれ、市長が「御鎮座二千百年式年大祭」の「奉賛会発会式」に来賓として出席し、祝辞を述べた行為が持っている客観的な性格や役割・効果などが憲法上いかに評価されるか、ということなのです。

「文化」という難問

この章の冒頭で紹介した「政教連携」というキャッチフレーズによって、寺社仏閣の観光利用が進められることには憲法上の懸念が否定できません。しかも、寺社仏閣を観光資源等としてアピールする際に主張されるのは、「神社は宗教というよりも、日本の伝統的な文化」という点です。「文化」をまとわせることによって宗教性を脱色する、とでもいったらいいでしょうか。

首相の「靖国参拝」をめぐる論議においても、「公式参拝を」という保守派からの要請と、政教分離原則とのにらみ合いの構図に、「参拝」の方式を本来の「神道式」ではない方式を参拝することでなんとか切り抜けようとすることにも見受けられます。

「宗教性」を薄めたり、見えないようにしたり、あるいは「文化」にすり替えたりすること。前節で紹介した白山比咩神社の記念行事の「奉賛会発会式」も、そこで行うのが自然と思われる神社内ではなく、市内の一般施設で行われています。式次第の中にも神道式の儀式などは盛り込まれていなかったのも、最高裁が「宗教的意味合いがない」と判断する要素になっています。

「目的効果基準」を採用して、その後の政教分離原則に関する裁判に大きな影響を与えた津地鎮祭事件においても、地鎮祭という神官が執り行う神道儀式を、神職が自ら宗教性を否定したというエピソードもあります。しかし、「神社は宗教にあらず」と主張することは、神社を宗教的に心から大切にする人たちにとっては、どのように受け止められるでしょうか。

天皇の代替わりに伴う祭祀の「大嘗祭《だいじょうさい》」が、今年（二〇一九年）十一月に行われる予定です。この祭祀を行うために莫大な費用がかかります。二〇一八年十二月の誕生日前日の記者会見において秋篠宮が、大嘗祭の費用には宮廷費（「公的」な活動のための費用）ではなく、内廷費（天皇一家と皇太子一家の私的な費用）を充てるべきだと主張したのも、この儀式が「宗教色が強いものを国費で賄うこと」への疑問を呈してのことでした。平成の代替わりの際にも、大嘗祭について政教分離原則に違反するとして各地で訴訟が提起されました。今回も訴訟が提起されています。

そもそも現天皇の「退位」についても、大日本帝国憲法下の旧皇室典範《てんぱん》[29]ではなく、現行の皇室典範は、国会で通常の法律の改正手続と同様に改正することができるのですから、「特例法」というかたちではなく、皇室典範の改正をすることもできたはずです。しかし今回も、日本国憲法に適合するように皇室典範のほうを改正することにはならず、問題を先送りしてしまいました。現在の天皇制は「国民の総意に基づく」のですから、主権者である国民が、天皇制のあり方について考えなければなりません。どのようなかたちで大嘗祭を行うことが国民主権にふさわしいのか、国会で十分に時間をかけて議論することはもちろん、全国民的な議論がなされなければなりません。

代替わりの儀式をめぐっては、大嘗祭に先立って行われる即位の礼の中心儀式「即位礼《そくいれい》正殿《せいでん》の儀」で、新天皇が立つ玉座「高御座《たかみくら》」が、保管されていた京都御所から移送されるのが報道陣に公開され、マスメディアもこぞって、その「豪華絢爛《けんらん》」な様子を報道しました。

あるいは、儀式が行われるまでのこれからさらに、これらの「伝統儀式」を支える「古式ゆかしい」物品の数々を私たちが目にすることも多くなるでしょう。これらもまた、「祭祀」としての宗教性を薄められ、「伝統」や「文化」として表示されるのです。しかし、その内実は祭祀です。強い宗教性を否定することはできません。

「伝統」や「文化」を足掛かりにして、「万世一系イデオロギー」を「臣民」に注入する装置として、江戸後期から復興しつつあった皇室祭祀として再編成した「造られた伝統」である皇室神道が、「国家の宗旨」とされていた時代のかたちをほぼ踏襲しながら行われていくことを見過ごしてしまっては、スタート地点に戻って、何のための憲法二〇条なのか、政教分離原則なのかを忘れ去ることになってしまいます。

政教分離原則とは、自らを育んだ「文化」さえも、あるいは自らを育んだ「文化」であるからこそ、立憲的国家においては、そのような「文化」を脱ぎ捨てて、どのような文化的ルーツを持つ者も平等に尊重されるべき個人として受け入れる社会をつくるための工夫なのではなかったでしょうか。そのことが問われています。

こうしてみると、見通しはあまりよくはありません。それでも、すべての人が、この社会で平等に尊重されることを下支えする「憲法適合的な文化」を求めることを諦めたくはありません。一人ひとり、それぞれかけがえのない個人が、自分らしく生きていくために。そうして、すべての人がともに生きていくために。

注

1　第一回国会（一九四七年）から第一九三回国会（二〇一七年）までの国会の立法統計によると、内閣提出法案として提出された件数は九千八九九件で、成立した法律は八千七八一件、成立率は八八・七％。他方、近年、健闘が顕著な衆議院での議員提出法案は三千九二八件で、成立した法律は千四二〇件、成立率は三六・二％。参議院での議員提出法案はさらに少なく千七四三件で、成立した法律は二三〇件、成立率は一三・二％にとどまり、圧倒的に内閣提出法案として提出された法案が法律となっているのです。特に重要法案とされる法案のほとんどが内閣提出法案です。大山礼子『政治を再建する、いくつかの方法――政治制度から考える』（日本経済新聞出版社、二〇一八年）五五頁、図表参照。

2　「朝日新聞」二〇一五年五月二十九日。自分たちが成立させたい法案について、あまりあれこれと議論されたくはないのでしょう。しかし、野党議員の質問をせかしたり、封じたりして、自分たちの都合のいいように国会を運営することはできないのです。

3　国会の議決も、通常は出席議員の過半数で決するとされています。ただし、国会で成立する法案のうち、少なくない法案が「全会一致」で成立します。全員が納得のいく法案を作ることもできるのです。

4　九条を変えてしまうことだけで、本格的な「戦争国家」にすることはできないからでしょうか、憲法改正を目論んでいる勢力は、「個人の尊厳」と「両性の本質的平等」を掲げた二四条もターゲットにしています。こうした動きについては、中里見博他『右派はなぜ家族に介入したがるのか――憲法二四条と九条』（大月書店、二〇一八年）、本田由紀・伊藤公雄『国家がなぜ家族に干渉するのか――法案・政策の背後にあるもの』（青弓社、二〇一七年）参照。

5　「ピルグリム・ファーザーズ」の物語が、一九世紀に国民統合のために神話化されていったことが近年の歴史研究では指摘されています。当時の植民地社会はイギリス人だけでなく多様な人々から構成された社会だったということも忘れてはならないでしょう。大西直樹『ピルグリム・ファーザーズという神話――作られた「アメリカ建国」』（講談社、一九九八年）参照。

6　大木英夫『ピューリタン――近代化の精神構造』中公新書、一九六八年、七七～七八、八八頁。

7　「社会の構成員全員」と書きましたが、「社会の構成員」には、暴力的に植民地化されていった先住民の人たちが含まれていなかったことは心に留めておかなければなりません。イギリスから来た人々の間では、「ともに生きる」といえますが、彼らは先住民の人たちを排除して、「植民」していったのです。

8　山口里子『イエスの譬え話1――ガリラヤ民衆が聞いたメッセージを探る』新教出版社、二〇一四年、一六一頁。

9　荒井献「第一三講『見失った羊のもとに……』」『問いかけるイエス――福音書をどう読み解くか』日本放送協会出版、一九九四年。『荒井献著作集　第二巻』岩波書店、二〇〇二年所収。

10　日本の刑事裁判・刑事司法には、「推定無罪の原則」や「疑わしきは被告人の利益に」といった、近代国家の刑事司法には不可欠の原則がおろそかにされている実態が指摘されています。特に、被告人が起訴されてからも、否認（自分の罪を認めないこと）していると、拘置所に身柄を拘束し続け、保釈を認めない裁判所の実務は「人質司法」と批判されています。刑事事件で被疑者となった人たちが、「自分はやっていない」とか、「警察・検察官の筋書きとは違う」と主張し続けると、身柄を拘束し続け、「私がやりました」という自白を強要する構造になってしまっているのです。

11　二〇一八年七月六日と二十六日に執行された十三名の死刑執行と、十二月の二人の死刑執行で、二〇一八年は合わせて十五名の死刑が執行され、二〇〇八年以来の大量執行となりました。
12 同志社大学人文学研究所編『戦時下抵抗の研究』Ⅰ・Ⅱ（みすず書房、一九六八、一九六七年）など参照。
13 長谷部恭男『憲法と平和を問いなおす』ちくま新書、二〇〇四年。
14 同書、五三～五五頁。
15 同書、六〇頁。
16 同書、六一頁。
17 「私は、すでに得たのでもなく、すでに完全にされているのでもありません。ただ捕らえようとして追求しているのです。そして、それを得るようにと、キリスト・イエスが私を捕らえてくださったのです」（ピリピ人の手紙三章一二節）。
18 長谷部、前掲書、六九頁。
19 木庭顕『笑うケースメソッドⅡ　現代日本公法の基礎を問う』勁草書房、二〇一七年、一六頁。
20 憲法上の主要な「アクター」（＝登場人物）というのは、基本的に国家と個人となっていて、個人の基本的人権は「対国家的」な権利・自由だ（国家に対して主張できる権利や自由だということ）、というように考えます。そうすると、国家は個人の表現の自由を侵害してはならないとはいえるけれど、では、個人同士ではどうなのだろうという議論をする際には、国家が「公」であるのに対して、個人（また企業や組織など）には「私人」という用語を使います。その場合、「個人」だけでなく学校や企業、NPOなども含めて用いますので、「私人」といいます。
21 坂上康博・鈴木直文「『当たり前』化する政治」『世界』二〇一九年一月号、一一三～一一三頁。
22 もちろん、「うるさくて迷惑」以外に、ヘイト・スピーチのような憲法的価値と相いれない表現を含むデモについては別に考えなければなりませんが。しかし、その場合にも規制する側の思惑に足をすくわれないように注意しなければなりません。

23 信濃毎日新聞二〇一八年十二月二十七日。

24 この節の叙述には、樋口陽一「『立憲主義』と『憲法制定権力』対抗と補完——最近の内外の憲法論議の中から」『日本学士院紀要』六九巻三号、二〇一五年（後に、樋口陽一『抑止力としての憲法——再び立憲主義について』岩波書店、二〇一七年所収）に強く示唆を受けました。

25 人の権利が、国家などがあって、議会が法律を制定してはじめて認められると考えると、人の権利は、現実に法律などで認められるものだけに限定されます。しかし、人間の権利や自由というものは、国家などができるよりも前から「自然的に備わっているはずだ」と考えると、国家といえども、そうした人間の権利や自由を奪うことができない、ということになります。このように、人間には国家が認めたりする前から本来的に権利や自由があって、それらを奪うことはできないのだ、という考え方を「自然権論」といいます。古代ギリシアの時代にも、このような考え方がありましたが、近代になって、トーマス・ホッブスやジョン・ロックらの哲学者が「社会契約論」に発展させていく基礎となりました。

26 政教分離原則もそうですが、憲法上の規定を具体的な憲法訴訟の場面であてはめる際に、裁判所は判断するために、それぞれの憲法の条文や争点が一貫するように、それぞれに「審査基準」を設定して、このいわば「ものさし」で測ることがあります。違憲審査基準ともいいます。「目的効果基準」はそのような、「憲法に違反するかどうか（政教分離原則違反かどうか）」を判断するための「ものさし」のようなもので、問題となっている具体的な事件（国や自治体の行為、たとえば、津市が神道式の地鎮祭に公金を出したり、市の関係者が出席したりすること）の、「目的」が世俗的（宗教的な目的ではない）かどうか、「効果」としても宗教を援助したり、逆に圧迫したりするような影響が及んでいないか、ということに基づいて違憲かどうかを判断します。

日本の裁判所では、津地鎮祭訴訟最高裁判決で採用され、その後の政教分離訴訟で踏襲されてきました。この「基準」はもともとアメリカの判例で確立してきた政教分離原則に関する審査基準で、裁判の原告の名前をとって、「レモン・テスト」と称されています。

27 「日本経済新聞」二〇一七年七月二十五日（電子版）。

28 国内においても、キリスト者の中でも少数派の教派が弾圧され、見捨てられていったことを忘れてはなりません。富坂キリスト教センター編『十五年戦争期の天皇制とキリスト教』（新教出版社、二〇〇七年）など参照。

29 「万世一系」の天皇が主権者であった大日本帝国憲法（明治憲法）体制においては、憲法は国の最高法規とは位置付けられずに、憲法と同じくらいに重要な法として「皇室典範」が位置付けられました。憲法と皇室典範が国家の基本構造となっていることを「明治典憲体制」ともいいます。皇室の「家の法」であるのが旧皇室典範で、皇室に関するルールには議会も口を出すことはできないという「皇室自律主義」が採用されていました。

著者

齊藤小百合（さいとう・さゆり）

1964年生まれ。国際基督教大学教養学部卒業、同大学大学院行政学研究科修士課程、博士課程修了・博士（学術）。恵泉女学園大学助教授、米国ミシガン大学ロースクール客員研究員等を経て、現在、恵泉女学園大学人間社会学部教授。

共著に『憲法の尊厳 —— 奥平憲法学の継承と展開』（日本評論社、2017年）、『学生のためにピース・ノート』（お茶の水書房、2013年）、『現代日本の憲法』（法律文化社、2009年）、『憲法の現在』（信山社、2005年）など。学生時代から活動を続けている公益社団法人自由人権協会（JCLU）理事。

カイロスブックス3

打ち捨てられた者の「憲法」

2019年5月10日　発行

著　者　　齊藤小百合

装　丁　　桂川　潤

印刷製本　シナノ印刷株式会社

発　行　　いのちのことば社

〒164-0001 東京都中野区中野2-1-5
電話 03-5341-6923（編集）
03-5341-6920（営業）
FAX03-5341-6921
e-mail:support@wlpm.or.jp
http://www.wlpm.or.jp/

ISBN978-4-264-04046-0